Die Entbündelung der letzten Meile in der Schweiz im Lichte des GATS

Studies in Global Economic Law
Studien zum globalen Wirtschaftsrecht
Études en droit économique mondial

edited by Thomas Cottier

Volume 8

PETER LANG
Bern · Berlin · Bruxelles · Frankfurt am Main · New York · Oxford · Wien

Thomas M. Fischer

Die Entbündelung der letzten Meile in der Schweiz im Lichte des GATS

PETER LANG
Bern · Berlin · Bruxelles · Frankfurt am Main · New York · Oxford · Wien

Bibliografische Information Der Deutschen Bibliothek
Die Deutsche Bibliothek verzeichnet diese Publikation in der Deutschen Nationalbibliografie; detaillierte bibliografische Daten sind im Internet über ‹http://dnb.ddb.de› abrufbar.

Die Publikation dieser Arbeit wurde ermöglicht durch einen Beitrag von TDC Switzerland AG.

ISSN 1423-9531
ISBN 3-03910-490-X

Hochfeldstrasse 32, Postfach 746, CH-3000 Bern 9
info@peterlang.com, www.peterlang.com, www.peterlang.net

Für meinen Vater

Dank

Diese Arbeit hätte ohne die freundschaftliche Hilfe und Nachsicht vieler Personen, besonders aber meiner Kollegen vom Institut für Europa- und Wirtschaftsvölkerrecht der Universität Bern nicht entstehen können.

Dr. Matthias Oesch vom Staatssekretariat für Wirtschaft seco gebührt mein besonderer Dank für die kritische Durchsicht einer ersten Fassung dieser Arbeit unter erschwerten Bedingungen. Frau Nationalrätin Christa Markwalder und Prof. Christoph B. Graber danke ich herzlich für ihre wertvollen Inputs und die angeregten Diskussionen zum Thema. TDC Switzerland AG sowie Frau Sandra Läuchli vom seco bin ich zu Dank verpflichtet für die freundliche Hilfestellung zu technischen Fragen der Telekommunikation und des WTO-Rechts. Den Teilnehmern des Moot Court zum 4. MILE-Programm des *World Trade Institute* danke ich für ihre Darstellung verschiedenster Ansätze zur Behandlung des Themas „Unbundling" im WTO-Recht.

Last but not least bin ich dem Direktor des Instituts für Europa- und Wirtschaftsvölkerrecht der Universität Bern, Prof. Thomas Cottier, zu grossem Dank verpflichtet: einerseits für die freundliche Betreuung dieser Arbeit, andererseits für die mir gewährte grosse Flexibilität in Bezug auf meine Anstellung, welche mir erst erlaubt hat, diese Arbeit rechtzeitig fertigzustellen.

Alle hier vertretenen Meinungen, und natürlich alle Fehler, sind allein meine persönlichen.

Thomas M. Fischer
Bern, im Juli 2004

Inhaltsverzeichnis

Abkürzungen

a. a. O.	am angeführten Ort
ADSL	Asymmetric DSL (s. Glossar)
Amtl. Bull.	Amtliches Bulletin (N=Nationalrat, S=Ständerat)
Aufl.	Auflage
AT	Annex on Telecommunications
BAKOM	Bundesamt für Kommunikation
BBl.	Bundesblatt
Bd.	Band
BR	Bundesrat
BV	Bundesverfassung der Schweizerischen Eidgenossenschaft vom 18. April 1999 (SR 101)
CATV	Cable TV
CH	Confoederatio Helvetica
CoCom	Communications Committee (EU)
ComCom	Kommunikationskommission (Schweiz)
CLEC	Competitive LEC
CPC	Central Product Classification
Diss.	Dissertation
DSL	Digital Subscriber Line
DSLAM	DSL Access Multiplexer (s. Glossar)
E.	Erwägung (des Bundesgerichts)
ed.	edition
EFM	Ethernet Framing
EG	Europäische Gemeinschaft(en)
EGV	Vertrag zur Gründung der Europäischen Gemeinschaft vom 25. März 1957 (Nummerierung nach der Fassung des Vertrags von Nizza vom 26. Februar 2001)
ERG	European Regulators Group
EMRK	Europäische Menschenrechtskonvention
EU	Europäische Union

EuGH	Europäischer Gerichtshof
EWG	Europäische Wirtschaftsgemeinschaft
FCC	Federal Communications Commission (USA)
FMG	Fernmeldegesetz vom 30. April 1997 (SR 784.10)
Fn.	Fussnote
FT(T)H	Fiber to the Home
GATS	General Agreement on Trade in Services
GATT	General Agreement on Tariffs and Trade
GSM	Groupe Spécial Mobile / Global System for Mobile Communications („Natel D“)
GVK	Grundversorgungskonzession
HDSL	High bitrate DSL
IGH	Internationaler Gerichtshof
ISDN	Integrated Services Digital Network
i.S.v.	im Sinne von
i.V.m.	in Verbindung mit
ILEC	Incumbent LEC
ISDN	Integrated Services Digital Network
ISP	Internet Service Provider
ITU	International Telecommunications Union
JIEL	Journal of International Economic Law
KG	Bundesgesetz vom 6. Oktober 1995 über Kartelle und andere Wettbewerbsbeschränkungen (Kartellgesetz, SR 251)
KVF	Kommission für Verkehr und Fernmeldewesen
KVU	Verordnung vom 17. Juni 1996 über die Kontrolle von Unternehmenszusammenschlüssen (SR 251.4)
LAN	Local Area Network
LEC	Local Exchange Carrier
LLU	Local Loop Unbundling (syn. ULL)
MA	Massachusetts
MDF	Main Distribution Frame
MFN	Most Favoured Nation
NT	National Treatment
NRA	National Regulatory Authority (EU)

NTP	Network Termination Point / Netzabschlusspunkt
NZZ	Neue Zürcher Zeitung
OECD	Organisation for Economic Cooperation and Development
OED	Oxford English Dictionary
pCPC	Provisional CPC
PLC	Powerline Communications
POTS	Plain Old Telephone System (syn. PSTN)
PSTN	Public Switched Telephone Network
Pub. L. No.	Public Law Number (USA)
PTT	Post, Telefon und Telegraph
QoS	Quality of Service
RBOCs	Regional Bell Operating Companies
RP	Reference Paper
RPW	Recht und Politik des Wettbewerbs
Rs.	Rechtssache
Rsp.	Rechtsprechung
Stat.	Statutes at Large (USA)
Slg.	Sammlung der Rechtsprechung (EU)
SMS	Short Message Service
syn.	Synonym / gleichbedeutend
ULL	Unbundling of / Unbundled Access to the Local Loop
UN	United Nations
URL	Uniform Resource Locator (s. Glossar)
U.S.C.	United States Code
USA, U.S.	United States of America
USTR	United States Trade Representative
S. Ct.	Supreme Court Reporter (USA)
SCOTUS	Supreme Court of the United States
SZIER	Schweizerische Zeitschrift für internationales und europäisches Recht
Telekom	Telekommunikation
TV	Television / Fernsehen
TRIPs	Agreement on Trade-Related Aspects of Intellectual Property Rights
VoIP	Voice over IP (s. Glossar)

vol.	volume
VCLT	Vienna Convention on the Law of Treaties
VDSL	very high-speed DSL
WAN	Wide Area Network
WTO	World Trade Organization
WTO Dok.	WTO-Dokumentensymbol[1]
WWW	World Wide Web
xDSL	Alle DSL-Varianten (s. Glossar)
ZGB	Schweizerisches Zivilgesetzbuch vom 10. Dezember 1907 (SR 210)
zit.	zitiert als

1. Die WTO-Dokumente sind verfügbar auf: http://docsonline.wto.org

Literaturverzeichnis

Alle elektronischen Dokumente und Adressen entsprechen dem Stand von Juni 2004.

Die in diesem Verzeichnis aufgeführten elektronischen Dokumente sind teilweise nur mit einer sehr langen URL erreichbar. Es wird diesfalls, um die Dokumente einfacher zugänglich zu machen, zusätzlich auf eine verkürzte URL verwiesen (http://tinyurl.com/...), die ihrerseits den Benutzer zum Dokument lenkt.

Literatur

ACHERMANN, ALBERTO, Der Vorrang des Völkerrechts, in: COTTIER, THOMAS / ACHERMANN, ALBERTO / WÜGER, DANIEL / ZELLWEGER, VALENTIN, Der Staatsvertrag im schweizerischen Verfassungsrecht: Beiträge zu Verhältnis und methodischer Angleichung von Völkerrecht und Bundesrecht, Stämpfli, Bern 2001, 33 ff. (zit. ACHERMANN)

American National Standard for Telecommunications – Telecom Glossary 2000, http://www.atis.org/tg2k/ (zit. ATIS Telecom Glossary)

ANTTALAINEN TARMO, Introduction to Telecommunications Network Engineering, 2nd ed., Artech House, Norwood MA 2003 (zit. ANTTALAINEN)

AREEDA, PHILLIP, Essential Facilities: An Epithet in Need of Limiting Principles, in: Antitrust Law Journal Bd. 58 Nr. 3 (1989), 841 ff. (zit. AREEDA)

BACCHUS, JAMES, The Strange Death of Sir Francis Bacon: The Dos and Don'ts of Appellate Advocacy in the WTO, in: Legal Issues of

Economic Integration, February 2004, vol. 31, no. 1, 13–24 (zit. BACCHUS)

BAKOM, Wirtschaftliche Auswirkungen der Verpflichtung zur Entbündelung des Anschlussnetzes, 30. Mai 2002, http://www.bakom.ch/imperia/md/content/deutsch/telecomdienste/marktanalysen/entbundelung.pdf [http://tinyurl.com/3fb3v] (zit. BAKOM 2002a)

BAKOM, Breitbandkommunikation in der Schweiz: Eine Standort-Bestimmung zu Infrastruktur und Nutzung, Juli 2002, http://www.bakom.ch/imperia/md/content/deutsch/medieninformationen/mediengesprch02/breitbandbericht_d.pdf (zit. BAKOM 2002b)

BARTOSCH ANDREAS, Essential Facilities: The Access to Telecommunications Infrastructures and Intellectual Property Rights under Article 82 EC, in: KOENIG, CHRISTIAN / BARTOSCH, ANDREAS / BRAUN, JENS-DANIEL, EC Competition and Telecommunications Law, Kluwer Law International, The Hague/London/New York 2002, 129–161 (zit. BARTOSCH)

Botschaft zum revidierten Fernmeldegesetz (FMG), BBl 1996 III 1405 (zit. Botschaft 1996)

Botschaft zur Änderung des Fernmeldegesetzes (FMG) vom 12. November 2003, BBl 2003 7951 (zit. Botschaft 2003)

BRAUN, JENS-DANIEL / CAPITO, RALF, The Emergence of EC Telecommunications Law as as New Self-Standing Field Within Community Law, in: KOENIG, CHRISTIAN / BARTOSCH, ANDREAS / BRAUN, JENS-DANIEL, EC Competition and Telecommunications Law, Kluwer Law International, The Hague/London/New York 2002, 51–64 (zit. BRAUN / CAPITO)

BRONCKERS, MARCO C.E.J, The WTO Reference Paper on Telecommunications: A Model for WTO Competition Law? in: BRONCKERS, MARCO / QUICK, REINHARD (Hrsg.), New Directions in International Economic Law: Essays in Honour of John H. Jackson, Kluwer Law International, The Hague/London/Boston 2000, 371–389 (zit. BRONCKERS)

BRONCKERS, MARCO C.E.J / LAROUCHE, PIERRE, Telecommunications Services and the World Trade Organization, in: 31 Journal of World Trade vol. 3 (1997), 5–48 (zit. BRONCKERS / LAROUCHE)

Bundesrat der Schweizerischen Eidgenossenschaft, WTO/Gats. Liberalisierung der Telecom-Netze, Antwort vom 07.06.2004 auf die Interpellationen 04.3101 und 04.3137, http://www.parlament.ch/afs/data/d/gesch/2004/d_gesch_20043101.htm (zit. BR, Interpellationsantwort)

CABALLERO, JOSÉ M. / HENS, FRANCISCO / SEGURA, ROGER / GUIMERÁ ANDREU, Installation and Maintenance of SDH / SONET, ATM, xDSL and Synchronization Networks, Artech House, Boston/London 2003 (zit. CABALLERO et al.)

CLERC, EVELYNE, Concurrence et ouverture des télécommunications à la lumière des Accords OMC et en droit européen, in: COTTIER, BERTIL (Hrsg.), Le droit des télécommunications en mutation, Editions universitaires Fribourg, Freiburg 2001, 209–300 (zit. CLERC)

CoCom, Bitstream access: current regulatory situation in Member States, Dokument COCOM03-04final, forum.europa.eu.int/irc/DownLoad/kqevAJJGmRGGZhONsr0E0WAhGu32v4g9wc8aSsJ44TH25oXGVx2tAcoThtVUoTtGV2/COCOM03-04final.pdf [http://tinyurl.com/289ex] (zit. CoCom 2003)

CoCom, Broadband access in the EU, Dokument COCOM03-40annex, http://forum.europa.eu.int/irc/DownLoad/kheZA3JGmiGvFkMCAORFEZCz5t2HtH4s3JgCcGZrgizqH5KuNkSskDDjYv4G8AjHclh/COCOM03-40annex.pdf [http://tinyurl.com/2xlpf] (zit. CoCom 2003a)

COTTIER, THOMAS / OESCH, MATTHIAS, WTO Law, Precedents and Legal Change, in: 3 Turku Law Journal 1 (2001), 27–41 (zit. COTTIER/OESCH, Precedents)

COTTIER, THOMAS / OESCH, MATTHIAS, Die unmittelbare Anwendbarkeit von GATT/WTO-Recht in der Schweiz, in: SZIER 2/2004, 121–154 (zit. COTTIER/OESCH, Anwendbarkeit)

COTTIER, THOMAS / SCHEFER, KRISTA NADAKAVUKAREN, Good Faith and the Protection of Legitimate Expectations in the WTO, in: BRONCKERS, MARCO / QUICK, REINHARD (Hrsg.), New Directions in International Economic Law: Essays in Honour of John H. Jackson, Kluwer Law International, The Hague/London/Boston 2000, 47–68 (zit. COTTIER / SCHEFER)

COTTIER, THOMAS / TAKENOSHITA, SATOKO, The Balance of Power in WTO Decision-Making: Towards Weighted Voting in Legislative Response, in: Aussenwirtschaft II/2003, 171–214 (zit. COTTIER/TAKENOSHITA)

CSOPORT, PETER / VON ZEDTWITZ, CLEMENS, Verhandlungsanalyse zur Interkonnektion – Wertschöpfungsstrategien für Ex-Monopolisten der Telekommunikation, in: AJP 2003 1188–1198 (zit. CSOPORT / V. ZEDTWITZ)

DIBADJ, REZA, Saving Antitrust, in: University of Colorado Law Review, Bd. 75 (2004), 745–862 (zit. DIBADJ)

DÖNNI RENÉ / SCHWAB NATALIE, Telekommunikation, in: AMBÜHL MICHAEL / BRUNETTI AYMO, EU-Wirtschaftspolitik aus Schweizer Sicht, Haupt Verlag, Bern 2004, 253ff. (zit. DÖNNI / SCHWAB)

EHLERMANN, CLAUS-DIETER, Six Years on the Bench of the „World Trade Court“: Some Personal Experiences as Member of the Appellate Body of the WTO, Policy Paper 9/2002, European University Institute (zit. EHLERMANN)

ENGELBERGER, LUKAS, Die unmittelbare Anwendbarkeit des WTO-Rechts in der Schweiz, Peter Lang, Bern 2004 (zit. ENGELBERGER)

European Regulators Group, Bitstream Access: ERG Common Position – Adopted on 2nd April 2004, ERG (03) 33rev1, http://erg.eu.int/doc/whatsnew/erg_0333rev1_bitstream_access_common_position.pdf [http://tinyurl.com/34kum] (zit. ERG 2004)

Federal Communications Commission, FCC Promotes Local Telecommunications Competition: Adopts Rules on Unbundling of Network Elements, 15. September 1999, http://ftp.fcc.gov/Bureaus/Common_Carrier/News_Releases/1999/nrcc9066.html (zit. FCC 1999)

Federal Communications Commission, Broadband Internet Access in OECD Countries: A Comparative Analysis, Oktober 2003, http://hraunfoss.fcc.gov/edocs_public/attachmatch/DOC-239660A2.pdf (zit. FCC 2003)

FISCHER, PETER R., Regulierung und Wettbewerb im Bereich der Telekommunikation in der Schweiz, in: GEPPERT, MARTIN / RUHLE, ERNST OLAV / SCHUSTER FABIAN, Handbuch Recht und Praxis der Telekommunikation, Nomos, Baden-Baden 2002, 611–761 (zit. FISCHER)

FOSTER, KEVIN T. / COOK, JOHN W. / CLARKE, DON E. A. / BOOTH MARTIN G. / KIRKBY ROB H., Realising the potential of access networks using DSL, in: FRANCE, PAUL (Hrsg.), Local Access Networks Technologies, The Institution of Electrical Engineers, London 2004 (zit. FOSTER et al.)

FREDEBEUL-KREIN, MARKUS / FREYTAG, ANDREAS, The case for a more binding WTO agreement on regulatory principles in telecommunication markets, Telecommunications Policy 23 (1999) 625–644 (zit. FREDEBEUL / FREYTAG)

GABELMANN, ANNE, Wettbewerb im Local Loop?, Institut für Verkehrswissenschaft der Universität Freiburg i. B., Vortrag im Rahmen des 33. Verkehrswissenschaftlichen Seminars vom 4./5. Oktober 2000, www.vwl.uni-freiburg.de/fakultaet/vw/publikationen/gabelmann/GabelmannFreiburg2000.pdf [http://tinyurl.com/2x3za] (zit. GABELMANN)

GAGNAIRE, MAURICE, Broadband Local Loops for High-Speed Internet Access, Artech House, Norwood MA 2003

GERMANN, CHRISTOPHE, Geld und Geist – Thunfisch und Delphin: Überlegungen zur kulturellen Vielfalt für den Film im digitalen Zeitalter, in: Jusletter 25. September 2000, http://www.weblaw.ch/jusletter/Artikel.asp?ArticleNr=757&Language=1&Id=null (zit. GERMANN)

GIUDICI, GIUSEPPE, Die Anwendbarkeit der *essential-facilities*-Doktrin auf die Immaterialgüterrechte, Peter Lang GmbH, Frankfurt am Main 2004 (zit. GIUDICI)

GEPPERT, MARTIN / RUHLE, ERNST OLAV / SCHUSTER FABIAN, Handbuch Recht und Praxis der Telekommunikation, Nomos, Baden-Baden 2002 (zit. GEPPERT / RUHLE / SCHUSTER)

GRABER, CHRISTOPH BEAT, „Lost Highway" – Bleibt KMU der Zugang zur Breitbandkommunikation verbaut? in: Jörg Schmid et al. (Hrsg.), Rechtsfragen rund um die KMU, Schulthess, Zürich 2003, 217–252 (zit. GRABER, Lost Highway)

GRABER, CHRISTOPH BEAT, Handel und Kultur im Audiovisionsrecht der WTO, Stämpfli, Bern 2003 (zit. GRABER, Audiovisionsrecht)

GRONER, ROGER, Verweigerung von Geschäftsbeziehungen unter Schweizer und US-Wettbewerbsrecht, in: SZW 2001, 265–281 (zit. GRONER)

HÜBSCHER BARBARA / RIEDER PIERRE, Die Bedeutung der „Essential Facilities"-Doktrin für das Schweizer Wettbewerbsrecht, in: sic! 1997, 439–447 (zit. HÜBSCHER / RIEDER)

HYLTON, KEITH N., Antitrust Law: Economic Theory and Common Law Evolution, Cambridge University Press, Cambridge 2003 (zit. HYLTON)

ITU, Trends in Telecommunication Reform 2000–2001: Interconnection Regulation, ITU, Geneva, 3rd ed. 2001 (zit. ITU 2001)

JACKSON, JOHN H. / DAVEY, WILLIAM J. / SYKES, ALAN O., Legal Problems of International Economic Relations, West Group, St. Paul MN, 4th ed. 2002 (zit. JACKSON / DAVEY / SYKES)

KÄLIN, WALTER / EPINEY, ASTRID, Völkerrecht: Eine Einführung, Stämpfli Verlag AG, Bern 2003 (zit. KÄLIN)

KENNEDY, CHARLES H., An Introduction to U.S. Telecommunications Law, Artech House, Norwood MA, 2nd. ed. 2001 (zit. KENNEDY)

KLEY, ANDREAS, Enthält das WTO-Recht eine Verpflichtung zur Entbündelung des Fernmeldeanschlussnetzes? in: SZIER 5/2003, 505ff. (zit. KLEY, WTO)

KLEY, ANDREAS, Entbündelung per Express: Die gesetzliche Grundlage der vom Bundesrat angeordneten Entbündelungspflicht des

Fernmelde-Anschlussnetzes, in: sic! 2003, 873–884 (zit. KLEY, Express)
KOENIG, CHRISTIAN / BRAUN, JENS-DANIEL, The International Regulatory Framework of EC Telecommunications Law: The Law of the WTO and the ITU as a Yardstick for EC Law, in: KOENIG, CHRISTIAN / BARTOSCH, ANDREAS / BRAUN, JENS-DANIEL, EC Competition and Telecommunications Law, Kluwer Law International, The Hague/London/New York 2002, 1–49 (zit. KOENIG / BRAUN)
KOENIG, CHRISTIAN / LOETZ, SASCHA, Framework for Network Access and Interconnection, in: KOENIG, CHRISTIAN / BARTOSCH, ANDREAS / BRAUN, JENS-DANIEL, EC Competition and Telecommunications Law, Kluwer Law International, The Hague/London/New York 2002, 51–64 (zit. KOENIG / LOETZ)
Kommission der Europäischen Gemeinschaften, Mitteilung der Kommission an den Rat, das Europäische Parlament, den Europäischen Wirtschafts- und Sozialausschuss und den Ausschuss der Regionen: Hochgeschwindigkeitsverbindungen für Europa: Nationale Breitbandstrategien, 26. Mai 2004, KOM(2004) 369 endgültig (zit. Kommission 2004)
Kommission für Verkehr und Fernmeldewesen des Nationalrates, Medienmitteilung: Öffnung der letzten Meile mit Auflagen, 29. Juni 2004, http://www.parlament.ch/homepage/mm-medienmitteilung.htm?m_id=2004-06-29_056_01 (zit. KVF 2004)
LENNARD, MICHAEL, Navigating by the Stars: Interpreting the WTO Agreements, 1 JIEL 5 (2002), 17–89 (zit. LENNARD)
LEPORI, BENEDETTO, Evolution technologique et enjeux commerciaux: des télécommunications à la communication électronique, in: COTTIER, BERTIL (Hrsg.), Le droit des télécommunications en mutation, Editions universitaires Fribourg, Freiburg 2001, 3–32 (zit. LEPORI)
LINGG, HANSRUEDI / IMHOLZ, URS, Die Zeit ist reif für „Fiber to the Home", in: NZZ vom 9. Juni 2004, Sonderbeilage Telekommunikation, B 9 (zit. LINGG/IMHOLZ)

MARSH, SARAH, The broadband balance, in: Cable and Satellite Europe, September 1, 2003 (zit. MARSH)
MATHEW, BOBJOSEPH, The WTO agreements on telecommunications, Peter Lang, Bern 2003 (zit. MATHEW)
MAVROIDIS, PETROS C. / NEVEN, DAMIEN J., The WTO Agreement on Telecommunications: It's Never Too Late, in: GERADIN, DAMIEN (Hrsg.), The Liberalization of State Monopolies in the European Union and Beyond, Kluwer Law International, The Hague 2001, 307–18 (zit. MAVROIDIS)
MCLARTY, TAUNYA L., Liberalized Telecommunications Trade in the WTO: Implications for Universal Service Policy, in: Federal Communications Law Journal, vol. 51 (1998), 1–59 (zit. MCLARTY)
MEIER, WALTER, Aggressives Telefonangebot der Cablecom, in: NZZ vom 9. Juni 2004, 21 (zit. MEIER)
NAFTEL, MARK / SPIWAK, LAWRENCE J., The Telecoms Trade War: The United States, the European Union and the World Trade Organization, Hart Publishing, Oxford 2001 (zit. NAFTEL)
OECD, Directorate for Financial, Fiscal and Enterprise Affairs, Structural Separation in Regulated Industries, 10. April 2001, DAFFE/CLP(2001)11,
http://www.oecd.org/dataoecd/49/15/2474629.pdf
(zit. OECD 2001)
OECD, Directorate For Science, Technology And Industry, Developments in Local Loop Unbundling, 10. September 2003,
DSTI/ICCP/TISP(2002)5/FINAL,
http://www.oecd.org/dataoecd/25/24/6869228.pdf
(zit. OECD 2003)
OECD, Directorate For Science, Technology And Industry, The Benefits And Costs Of Structural Separation Of The Local Loop, 3. November 2003, DSTI/ICCP/TISP(2002)13/FINAL,
http://www.oecd.org/dataoecd/39/63/18518340.pdf
(zit. OECD, Structural Separation)
OESCH, MATTHIAS, Standards of Review in WTO Dispute Resolution, Oxford University Press, Oxford 2003 (zit. OESCH)

Oxford English Dictionary. 2nd ed. 1989 (ed. J. A. SIMPSON and E. C. WEINER), Additions 1993–7 (ed. JOHN SIMPSON and EDMUND WEINER; MICHAEL PROFFITT), and 3rd ed. (in progress) Mar. 2000– (ed. JOHN SIMPSON), in: OED Online. Oxford University Press, http://dictionary.oed.com (zit. OED)

POLEDNA, TOMAS, Unbundling – Stolpersteine auf der „letzten Meile", in: AJP 2002, 328–339 (zit. POLEDNA, Stolpersteine)

POLEDNA, TOMAS, Interkonnektion – verfassungsrechtliche Sonderstellung der Swisscom? Eine Replik auf den Beitrag von Andreas Kley, in: sic! 2003 923-931 (zit. POLEDNA, Replik)

ROSEMAN, DANIEL, Domestic Regulation and Trade in Telecommunication Services: Experience and Prospects under the GATS, in: MATTOO, AADITYA / SAUVÉ, PIERRE, Domestic Regulation and Service Trade Liberalization, World Bank / Oxford University Press, Washington 2003, 83 ff. (zit. ROSEMAN)

SCHECHTER, P. B., Customer ownership of the local loop: A solution to the problem of interconnection, in: Telecommunications Policy Bd. 20, Nr. 8 (1996), 573-584 (zit. SCHECHTER)

SCHINDLER, KATHARINA, Wettbewerb in Netzen als Problem der kartellrechtlichen Missbrauchsaufsicht: Die „Essential Facilities"-Doktrin im amerikanischen, europäischen und schweizerischen Kartellrecht, Diss. Bern 1998, Bern, Stämpfli AG 1998 (zit. SCHINDLER)

SCHULZ, ROBERT, Der Zugang zum „blanken Draht" im Telekommunikationsrecht: Wettbewerb im Netz oder Wettbewerb zwischen Netzen?, Verlag C.H. Beck, München 2001 (zit. SCHULZ)

SENTI, RICHARD, WTO: System und Funktionsweise der Welthandelsordnung, Schulthess/Verlag Österreich, Zürich/Wien 2000 (zit. SENTI)

SHERMAN, LAURA B., „Wildly Enthusiastic" About the First Multilateral Agreement on Trade in Telecommunications Services, 51 Federal Communications Law Journal (1998), 61ff. (zit. SHERMAN)

SHIN, DONG-KWEON, Die „Essential-Facilities"-Doktrin im europäischen Kartellrecht, Diss. Mainz 2003, Logos Verlag, Berlin 2003 (zit. SHIN)

SIEGMUND, GERD, Technik der Netze, Hüthig Verlag, Heidelberg, 5. Aufl. 2002 (zit. SIEGMUND)
Siemens Online Lexikon, http://www.networks.siemens.de/solutionprovider/_online_lexikon
SINCLAIR, SIR IAN, The Vienna Convention on the Law of Treaties, 2nd ed., Manchester University Press, 1984 (zit. SINCLAIR)
SOMA, JOHN T. / FORKNER, DAVID A. / JUMPS, BRIAN P., The Essential Facilities Doctrine in the Deregulated Telecommunications Industry, Berkeley Technology Law Journal vol. 13 (1998), 565–614 (zit. SOMA / FORKNER / JUMPS)
STEINBERG, RICHARD H., Judicial Lawmaking at the WTO: Discursive, Constitutional and Political Constraints, in: American Journal of International Law, vol. 98 (2004), 247–275 (zit. STEINBERG)
Swisscom AG, 2003 Annual Report, http://www.swisscom.com/SCMCMS/GB/gb03/gb03_en/pdf/SC_GB2003_e.pdf (zit. Swisscom 2003)
TOGNI, MAURIZIO / HEIL, FRANK, Steter Vormarsch integrierter Dienste von Sprache, Daten und Bildern, in: NZZ vom 9. Juni 2004, Sonderbeilage Telekommunikation, B 5 (zit. TOGNI / HEIL)
TUOMI, ILKKA, The Lives and Death of Moore's Law, in: First Monday, vol. 7, No. 11 (November 2002), http://www.firstmonday.org/issues/issue7_11/tuomi/ (zit. TUOMI)
United Nations Statistics Division, Provisional Central Product Classification, ST/ESA/STAT/SER.M/77, E.91.XVII.7, http://unstats.un.org/unsd/cr/registry (zit. pCPC)
USTR, U.S. and Mexico Reach Agreement to Resolve Telecom Dispute, Medienmitteilung vom 1. Juni 2004, http://www.ustr.gov/releases/2004/06/04-46.pdf (zit. USTR 2004a)
USTR, U.S. Wins Telecommunications Case against Mexico in WTO, Medienmitteilung vom 12. März 2004, http://www.ustr.gov/releases/2004/03/04-17.pdf (zit. USTR 2004b)

TASSEL, JEROME, TV, voice and broadband IP over cable TV networks, in: FRANCE, PAUL (Hrsg.), Local Access Networks Technologies, The Institution of Electrical Engineers, London 2004 (zit. TASSEL)

VON ZEDTWITZ CLEMENS, Art. 11 FMG als regulatorische Marktzutrittsschranke? in: sic! 2002, 365–70 (zit. VON ZEDTWITZ)

WAINCYMER, JEFF, WTO Litigation: Procedural Aspects of Formal Dispute Settlement, Cameron May, London 2002 (zit. WAINCYMER)

WEBER, ROLF H., Entbündelung im Fernmeldemarkt, in: sic! 4/2000, 338ff. (zit. WEBER, Entbündelung)

WEBER, ROLF H., Zugang zu Kabelnetzen: Spannungsfeld zwischen Netzbetreiberfreiheit und offenem Netzzugang, Schulthess, Zürich/Basel/Genf 2003 (zit. WEBER, Zugang)

WTO Secretariat, Telecommunication Services: Background Note by the Secretariat, 8. Dezember 1998, WTO Dok. S/C/W/74 (zit. WTO Note)

WÜGER, DANIEL, Die direkte Anwendbarkeit staatsvertraglicher Normen, in: COTTIER, THOMAS / ACHERMANN, ALBERTO / WÜGER, DANIEL / ZELLWEGER, VALENTIN, Der Staatsvertrag im schweizerischen Verfassungsrecht: Beiträge zu Verhältnis und methodischer Angleichung von Völkerrecht und Bundesrecht, Stämpfli, Bern 2001, 93 ff. (zit. WÜGER)

Rechtsquellen und Materialien

Für GATT und GATS wurde, wo nicht anders angegeben, auf die englischen Texte aus folgender Quelle Bezug genommen: WTO, The Legal Texts: The Results of the Uruguay Round of Multilateral Trade Negotiations, Cambridge University Press, Cambridge 1994.

Datenschutzrichtlinie: Richtlinie 2002/58/EG des Europäischen Parlaments und des Rates vom 12. Juli 2002 über die Verarbeitung personenbezogener Daten und den Schutz der Privatsphäre in der elektronischen Kommunikation (Datenschutzrichtlinie für elektronische Kommunikation), Abl. Nr. L 201 vom 31/07/2002 37–47

Entbündelungsverordnung: Verordnung 2887/2000/EG des Europäischen Parlaments und des Rates vom 18. Dezember 2000 über den entbündelten Zugang zum Teilnehmeranschluss, Abl. Nr. L 336 vom 30/12/2000 4–8

FMG: Fernmeldegesetz vom 30. April 1997, SR 784.10

FMG (Entwurf): Entwurf zur Änderung des Fernmeldegesetzes, BBl. 2003 8007 ff.

FDV: Verordnung über Fernmeldedienste vom 31. Oktober 2001, SR 784.101.1

GATS: General Agreement on Trade in Services, Anhang 1B zum Abkommen zur Errichtung der Welthandelsorganisation (SR 0.632.20)

GATT: General Agreement on Tariffs and Trade, Anhang 1A.1 zum Abkommen zur Errichtung der Welthandelsorganisation (SR 0.632.20)

Genehmigungsrichtlinie: Richtlinie 2002/20/EG des Europäischen Parlaments und des Rates vom 7. März 2002 über die Genehmigung elektronischer Kommunikationsnetze und -dienste, Abl. Nr. L 108 vom 24/04/2002 21–32

KG: Bundesgesetz vom 6. Oktober 1995 über Kartelle und andere Wettbewerbsbeschränkungen (Kartellgesetz), SR 251

KVU: Verordnung vom 17. Juni 1996 über die Kontrolle von Unternehmenszusammenschlüssen, SR 251.4

Note by the Chairman: WTO Dok. S/GBT/W/2/Rev.1 vom 16. Januar 1997 (Attachment 5 zu WTO Dok. S/L/92 vom 28. März 2001)

Rahmenrichtlinie: Richtlinie 2002/21/EG des Europäischen Parlaments und des Rates vom 7. März 2002 über einen gemeinsamen Rechtsrahmen für elektronische Kommunikationsnetze und -dienste, Abl. Nr. L 108 vom 24/04/2002 33–50

Reference Paper: WTO Dok. GATS/SC/83/Suppl.3/Rev.1, 7 f.

Universaldienstrichtlinie: Richtlinie 2002/22/EG des Europäischen Parlaments und des Rates vom 7. März 2002 über den Universaldienst und Nutzerrechte bei elektronischen Kommunikationsnetzen und Diensten, Abl. Nr. L 108 vom 24/04/2002 51–77

U. S. Telecommunications Act: Telecommunications Act of 1996, Pub. L. No. 104–104, 110 Stat. 56 (1996)

Swisscom-Gesetz: Bundesgesetz vom 30. April 1997 über die Organisation der Telekommunikationsunternehmung des Bundes, SR 784.11

Verhandlungsangebot der Schweiz: WTO Dok. TN/S/O/CHE (in der WTO-Dokumentendatenbank noch nicht öffentlich verfügbar), http://www.seco-admin.ch/imperia/md/content/aussenwirtschaft/dienstleistungen/tn_s_o_che_e.pdf

Verpflichtungslisten der Schweiz: WTO Dok. GATS/SC/83, GATS/SC/83/Suppl.3, GATS/SC/83/Suppl.3/Rev.1

Wettbewerbsrichtlinie I: Richtlinie 96/19/EG der Kommission vom 13. März 1996 zur Änderung der Richtlinie 90/388/EWG hinsichtlich der Einführung des vollständigen Wettbewerbs auf den Telekommunikationsmärkten, Abl. L 074 vom 22/03/1996, 13–24

Wettbewerbsrichtlinie II: Richtlinie 2002/77/EG der Kommission vom 16. September 2002 über den Wettbewerb auf den Märkten für elektronische Kommunikationsnetze und -dienste, Abl. Nr. L 249 vom 17/09/2002 21–26

Zugangsrichtlinie: Richtlinie 2002/19/EG des Europäischen Parlaments und des Rates vom 7. März 2002 über den Zugang zu elektronischen Kommunikationsnetzen und zugehörigen Einrichtungen sowie deren Zusammenschaltung, Abl. Nr. L 108 vom 24/04/2002 7–20

Zusammenschaltungsrichtlinie: Richtlinie 97/33/EG des Europäischen Parlaments und des Rates vom 30. Juni 1997 über die Zusammenschaltung in der Telekommunikation im Hinblick auf die Sicherstellung eines Universaldienstes und der Interoperabilität durch Anwendung der Grundsätze für einen offenen Netzzugang (ONP), Abl. L 199 vom 26/07/1997 32–52

Rechtsprechung

British Telecommunications: Urteil des Europäischen Gerichtshofes vom 20. März 1985, Italienische Republik gegen Kommission der Europäischen Gemeinschaften, Rs. 41/83, Slg. 1985 S. 873

Canada–Periodicals: Bericht des Appellate Body vom 30. Juni 1997, Canada–Certain Measures Concerning Periodicals, WTO Dok. WT/DS31/AB/R

Commcare: Urteil des Schweizerischen Bundesgerichts vom 3. Oktober 2001 in Sachen Commcare AG Communications & Networks gegen Swisscom AG [et vice versa] betreffend Interkonnektion, BGE 2A.503/2000 und 2A.505/2000

ComCom 2000: Interkonnektionsentscheid – Mietleitungen und Übertragungsmedien, Entscheid der Eidg. Kommunikationskommission vom 2. Oktober 2000, http://www.fedcomcom.ch/comcom/docs/mietleitung_Uebertragmedien.pdf [http://tinyurl.com/2wsh8]

ComCom 2002: ComCom, Verfügung vom 5. Februar 2002 i.TDC Switzerland AG (vormals diAx) gegen Swisscom AG betreffend Interkonnektion / Gesuch um Entbündelung der Teilnehmeranschlussleitung, http://www.fedcomcom.ch/comcom/docs/ComCom-Verf-ULL-off.pdf

ComCom 2004: Verfügung der Eidg. Kommunikationskommission vom 19. Februar 2004 in Sachen TDC Switzerland AG gegen Swisscom Fixnet AG [et vice versa] betreffend Interkonnektion, www.fedcomcom.ch/comcom/docs/comcom_ull_recht_19-02-04.pdf [http://tinyurl.com/2okc3]

EC–Bananas III: Bericht des Appellate Body vom 9 September 1997, European Communities–Regime for the Importation, Sale and Distribution of Bananas, WTO Dok. WT/DS27/AB/R

EC–LAN: Bericht des Appellate Body vom 5. Juni 1998, European Communities–Customs Classification of Certain Computer Equipment, WTO Dok. WT/DS62/AB/R, WT/DS67/AB/R, WT/DS68/AB/R

Familiennachzug: Urteil des Schweizerischen Bundesgerichts vom 16. Januar 2004 in Sachen Bundesamt für Zuwanderung, Integration und Auswanderung gegen X. betreffend Familiennachzug, BGE 2A.457/2003 (zur Publikation vorgesehen)

India–Patents: Bericht des Appellate Body vom 19. Dezember 1997, India–Patent Protection for Pharmaceutical and Agricultural Chemical Products, WTO Dok. WT/DS50/AB/ R

Japan–Alcohol: Bericht des Appellate Body vom 4. Oktober 1996, Japan–Taxes on Alcoholic Beverages, WTO Dok. WT/DS8/AB/R, WT/DS10/AB/R, WT/DS11/AB/R

MCI v. AT&T: MCI Communications Corp. v. American Tel. Tel. Co., 708 F.2d 1081, 1132 (7th Cir. 1983), cert. denied

Mexico–Telecommunications: Bericht des Panel vom 2. April 2004, Mexico–Measures Affecting Telecommunications Services, WTO Dok. WT/DS204/R

REKO/WEF 2004: Beschwerdeentscheid der Rekurskommission in Wettbewerbsfragen vom 6. Februar 2004 in Sachen Swisscom Mobile AG, RPW 2004/1, B3, 204–27

US–Reformulated Gasoline: Bericht des Appellate Body vom 29. April 1996, United States–Standards for Reformulated Gasoline, WTO Dok. WT/DS2/AB/R

US–Section 301: Bericht des Panel vom 22. Dezember 1999, United States–Sections 301-310 of the Trade Act of 1974, WTO Dok. WT/DS152/R

US–Shrimp: Bericht des Appellate Body vom 12. Oktober 1998, United States–Import Prohibition of Certain Shrimp and Shrimp Products, WTO Dok. WT/DS58/AB/R

Verizon v. Trinko: Verizon Communications, Inc. v. Law Offices of Curtis V. Trinko, 124 S.Ct. 872 [2004] (noch nicht in den U.S. Reports publiziert, Text nach der *slip opinion*: http://www.supremecourtus.gov/opinions/03pdf/02-682.pdf)

Weko 2001a: Schlussbericht der Wettbewerbskommission vom 7. Februar 2001 in Sachen Vorabklärung gemäss Artikel 26 KG betreffend xDSL-Dienste der Swisscom wegen angeblich unzulässiger Verhaltensweise gemäss Artikel 7 KG, in: RPW 2001, 73–81

Weko 2001b: Gutachten der Wettbewerbskommission vom 19. März 2001 in Sachen Interkonnektionsverfahren diAx vs. Swisscom AG betreffend Beurteilung der Marktstellung gemäss Artikel 11 Absatz 3 FMG, in: RPW 2001, 348–360
Weko 2002: Verfügung der Wettbewerbskommission vom 6. Mai 2002 in Sachen ADSL-Angebot der Swisscom AG, Anordnung vorsorglicher Massnahmen, in: RPW 2002, 440–454
Weko 2004: Schlussbericht der Wettbewerbskommission vom 12. Februar 2004 in Sachen Vorabklärung gemäss Artikel 26 KG betreffend Produktebündel „Talk & Surf" wegen allenfalls unzulässiger Verhaltensweise gemäss Artikel 7 KG, in: RPW 2004, 357–376

Vorwort

Mit dem Allgemeinen Abkommen über Dienstleistungen (GATS) der WTO wurde 1995 eine Entwicklung eingeleitet, deren Bedeutung und Auswirkungen in den zahlreichen Branchen des Dienstleistungssektors noch kaum hinreichend zur Kenntnis genommen werden. Das Recht des GATS steht noch in seinen Anfängen, und in den meisten Bereichen beschränken sich die eingegangen Verpflichtungen auf den *status quo*. Das gilt nicht im Bereich der Telekommunikation. Hier haben bereits im Anschluss an die Uruguay-Runde weiterführende Verhandlungen zu wichtigen Ergebnissen der Marktöffnung und zur eigentlichen Einführung von wettbewerbsrechtlichen Verpflichtungen geführt. Diese Verpflichtungen wirken sich auch auf die Liberalisierung bisheriger Monopolbereiche aus. Das gilt auch für die Öffnung der Hausanschlüsse, des sogenannten *local loop* oder der *letzten Meile*.

Der vorliegenden Berner Master-Arbeit von Thomas M. Fischer kommt das Verdienst zu, die komplexe Materie sowohl technisch wie auch rechtlich aufzuarbeiten und die Auswirkungen des GATS aufzuzeigen. Sie leistet damit einen wichtigen Beitrag zur völkerechtskonformen Ausgestaltung des neuen Rechts sowie in der Beurteilung von Streitigkeiten unter konkurrierenden Anbietern auf einem umkämpften Markt. Die Studie zeigt eindrücklich, wie wichtig die Berücksichtigung der Rahmenbedingungen des internationalen Rechts und eingegangener Verpflichtungen zur Öffnung der Telekommunikationsmärkte gerade auch im Interesse der schweizerischen Wettbewerbsfähigkeit ist.

Mit dieser Arbeit schliesst Thomas M. Fischer auch seine Tätigkeit als geschätzter und kompetenter studentischer Mitarbeiter am Departement für Wirtschaftsrecht ab. Dies gibt mir die Gelegenheit, ihm sehr herzlich für sein Engagement, sein Wirken und besonders auch für die vorliegende und vorbildliche Studie zu danken.

Bern, September 2004
Prof. Thomas Cottier

1. Einführung

Dass sich unsere Gesellschaft zur Informationsgesellschaft gewandelt hat, ist längst zum Gemeinplatz geworden. Rasante technologische, wirtschaftliche und regulatorische Veränderungen haben dazu beigetragen, dass uns heute eine früher unvorstellbare Palette von Informations- und Kommunikationsmitteln zur Verfügung steht, die eine Transformation und Produktivitätssteigerung der gesamten Wirtschaft nach sich ziehen. Dass die OECD-Staaten den Rest der Welt in diesem Prozess bereits so weit zurückgelassen haben, dass von einer *digital divide* die Rede ist, dürfte nicht zuletzt daran liegen, dass namentlich diese Länder in einem Paradigmenwechsel die staatlichen Monopole im Telekommunikationssektor aufgehoben haben, um die Innovations- und Effizienzvorteile des freien Wettbewerbs zu nutzen.

Je stärker gesellschaftliche und ökonomische Prozesse sich aber in den Informationsraum verlagern, desto schmerzhafter machen sich Fehler in der Marktordnung für alle bemerkbar. In den Augen vieler behindert etwa die weiterhin dominierende Stellung der traditionellen Telekomanbieter im Bereich der Hausanschlüsse eine breite Nutzung innovativer Technologien wie Breitbandinternetverbindungen, welche gesellschaftlich und wirtschaftlich stets bedeutender werden. Nehmen sich die Gesetzgeber solcher Probleme an, müssen sie nicht nur einem sich in atemberaubendem Tempo ändernden Markt gerecht werden, sie müssen auch grundlegende Zielkonflikte berücksichtigen: Staatliche Regulierung soll weder einzelne Marktteilnehmer ungerechtfertigt bevorteilen, noch soll sie einen Wettbewerb auf Infrastrukturebene vereiteln oder legitime Politikziele – etwa die allgemeine Grundversorgung mit Telekomdiensten – beeinträchtigen.

* * *

Angesichts des beschränkten Umfangs dieser Arbeit kann die Problematik nicht in allen Facetten beleuchtet werden. Die Analyse beschränkt sich daher auf die Darstellung der technischen und rechtlichen Hintergründe, soweit sie für das Verständnis der Problematik notwendig sind, und anschliessend auf die Prüfung der Frage, ob das Recht der WTO die Schweiz verpflichtet, neuen Telekomdiensteanbietern *(new entrants)* in Hinblick auf die Erbringung von DSL-Breitbanddiensten einen entbündelten Zugang zum *local loop* zu gewähren.[1]

Nicht behandelt wird die ebenso wichtige, aber ungleich komplexere Frage, nach welchen Grundsätzen die hierfür geschuldete Entschädigung zu berechnen ist. Auch soll nicht versucht werden, die grundlegende politische und ökonomische Frage zu beantworten, welche Art von Zugang zu Telekominfrastrukturen in einer wirtschaftlichen und technischen Gesamtbetrachtung und nach einer Abwägung der betroffenen Grundrechte und Interessen überhaupt gewährt werden soll. Nach Auffassung des Autors spricht aber zum Einen vieles dafür, dass entbündelter Zugang zum local loop darunter fällt (wie die wettbewerbsrechtliche Betrachtung der Problematik zeigen wird) und zum Anderen hat der Schweizer Gesetzgeber, wie ebenfalls zu zeigen ist, die Frage durch das Eingehen entsprechender WTO-rechtlicher Verpflichtungen bereits autoritativ beantwortet, ohne sich aber dabei den notwendigen Spielraum zur sachgerechten Ausgestaltung des Entbündelungsprinzips zu verbauen. Schlussendlich wird an dieser Stelle auch nicht auf die ebenfalls sehr umstrittene Frage eingegangen, wie eine WTO-rechtliche Entbündelungspflicht im Schweizer Landesrecht umzusetzen oder geltend zu machen wäre.

* * *

Vor dem Hintergrund der in den 1990er Jahren begonnenen Liberalisierung des Telekommunikationsmarkts in den westlichen Ländern wird zunächst die Problematik des Eintritts in netzwerkgebundene Märkte dargestellt. Es wird gezeigt, dass das Telekommunikationsrecht auf nationaler wie multinationaler Ebene vor dem Hintergrund des allgemei-

---

1. Diese Arbeit soll die einigermassen komplizierte Materie der Regulation von Telekommärkten auch technischen und WTO-rechtlichen Laien näher bringen. Hierfür sei der Leser auf das technische Glossar im Anhang I (S. 155) und die Sammlung der Rechtsquellen im Anhang II (S. 159) verwiesen.

nen Wettbewerbsrechts das Problem der hohen Markteintrittsschranken durch die Gewährung eines entgeltlichen Zugangsrechts zur Infrastruktur der marktbeherrschenden Anbieter gelöst hat. Dabei wird das Augenmerk besonders auf die Entwicklung der sektoriellen Regulation in den nationalen Rechtsordnungen gelegt und dargestellt, wie vor dem Hintergrund der technologischen Konvergenz die Idee der blossen Zusammenschaltung einzelner Netze durch ein allgemeines Zugangsmodell abgelöst wird.

Anschliessend wird geprüft, wie sich diese Entwicklung im Recht der WTO niedergeschlagen hat. Nachdem das Telekommunikationsrecht der WTO und seine besonderen Auslegungsmethoden im Überblick dargestellt werden, wird auf drei Normen eingegangen, auf die sich ausländische *new entrants* in der Schweiz berufen könnten, um einen entbündelten Zugang zum *local loop* zu erhalten: Abs. 5(a) des *Annex on Telecommunications* (AT) zum GATS sowie Abs. 1.1 und 2.2 des von der Schweiz unterschriebenen *Reference Paper* (RP).

Dabei stellt sich heraus, dass der scheinbar klare Abs. 2.2 des RP, auf den sich die Schweizer Rechtsprechung und Lehre oft bezieht, für den entbündelten Zugang zur letzten Meile nicht geeignet ist, da der vom alten europäischen Recht inspirierte Interkonnektionsbegriff des RP, ähnlich wie der des geltenden Fernmeldegesetzes in der Auslegung des Bundesgerichts, hierfür zu eng umschrieben ist.

Allerdings eröffnet ein neues Urteil eines WTO-Schiedsgerichts die Möglichkeit, die allgemeine Zugangsregel des Abs. 5(a) AT auf die Problematik anzuwenden, um den *new entrants* den entbündelten Zugang zur öffentlichen Telekominfrastruktur, welchen sie zur Erbringung ihrer Dienste benötigen, zu ermöglichen. Darüber hinaus wird gezeigt, dass die weitreichenden wettbewerbsrechtlichen Regeln des Abs. 1.1 RP die Schweiz im Ergebnis ebenfalls zur Gewährung des entbündelten Zugangs zum *local loop* verpflichten. Diese Massnahme ist notwendig, um zu verhindern, dass Swisscoms Marktmacht im Bereich der Anschlusstechnologien wettbewerbswidrig auf nachgelagerte Märkte wie die der Breitbandinternetzugänge und der vielfältigen darauf aufbauenden Anwendungen ausgedehnt wird.

Die Analyse wird abgerundet mit einer Betrachtung der Interdependenzen des WTO-Telekomrechts und der Verbreitung audiovisueller Inhalte über Telekomnetze. Dass die Schweiz im audiovisuellen Bereich keine Verpflichtungen eingegangen ist, erweist sich nicht als Hindernis für die Entbündelung der letzten Meile, da gezeigt wird, dass die Schweizer Marktzugangsbeschränkungen für Radio- und TV-Programme bei den Anbietern selbst und nicht beim Zugang zur Infrastruktur durchzusetzen sind.

2. Die Liberalisierung der nationalen Märkte

We realize that every so often you can't get an operator, for no apparent reason your phone goes out of order [*snatches plug out of switchboard*], or perhaps you get charged for a call you didn't make. We don't care. *(snort)* ...

You see, this phone system consists of a multibillion-dollar matrix of space-age technology that is so sophisticated, even we can't handle it. But that's your problem, isn't it? Next time you complain about your phone service, why don't you try using two Dixie cups with a string.

We don't care. We don't have to. *(snort)* We're the Phone Company![2]

2.1. Vom Monopol zum Wettbewerb[3]

In der Schweiz wie in allen anderen Ländern geschah der Aufbau des öffentlichen Telefonnetzes seit dem Ende des 19. Jahrhunderts unter den Auspizien einer (ausser in den USA staatlichen) Monopolgesellschaft. Dies war einerseits durch den grossen Kapitalaufwand zur Errichtung überregionaler Netze bedingt, andererseits durch das politische Erfordernis, die Telefonie flächendeckend der ganzen Bevölkerung zur Verfügung zu stellen. Denn es war anzunehmen, dass private Anbieter sich auf die profitablere Errichtung von Netzen in und zwischen den städtischen Ballungszentren konzentrieren würden. Auch konnten so die technische Standardisierung und gegebenenfalls die staatliche Kontrolle und Zensur von Telefongesprächen einfacher sichergestellt werden.

---

2. LILY TOMLIN als „Ernestine, the telephone operator" in „Saturday Night Live", USA 1968, http://www.ablecomm.info/lily.htm.
3. Vgl. zur hier beschriebenen Entwicklung allgemein LEPORI; KENNEDY, xviii ff., SCHULZ, 13 ff.

Im Verlauf der Entwicklung der westlichen Welt hin zur Informationsgesellschaft nahm die Nachfrage an Telekomdiensten und die Komplexität derselben stark zu. Dabei zeigte sich, dass die Monopolisten dieser Herausforderung nicht gewachsen waren. Der fehlende Konkurrenzdruck und lange, politisierte Entscheidverfahren hatten zu einem Klima der Innovationsträgheit, überhöhter Preise und fehlender Kundenorientierung geführt. Dies behinderte die breite Einführung neuer Informationstechnologien – so etwa des Internet und der Mobiltelefonie – und schädigte die Volkswirtschaft durch die Abschöpfung von Monopolrenten. Die Digitalisierung der Telekomtechnologie erlaubte zudem die Konvergenz von Telekom- und auch audiovisuellen Diensten: Sobald es möglich wurde, beliebige Inhalte als Datenpakete über Leitungen jeder Art zu übermitteln, war das „natürliche Monopol" der Telefongesellschaften auf Telekomdiensten schon technisch nicht mehr zu rechtfertigen.[4]

In der Folge begannen namentlich die Industriestaaten, ihren Telekommarkt dem Wettbewerb zu öffnen. Dies geschah in aller Regel auf dem Weg der Überführung staatlicher Monopolgeschaften – der *incumbents* – in eine privatwirtschaftliche Organisationsform und der Aufhebung der Monopolrechte derselben. Im Folgenden wird kurz die Liberalisierungsgeschichte in den beiden grössten Telekommärkten – den USA und der EU – sowie etwas eingehender in der Schweiz und im Rahmen der WTO dargestellt. Auf die Problematik des Zugangs von *new entrants* zu Telekomnetzen und -diensten der *incumbents* wird weiter unten[5] eingehend eingegangen.

---

4. Als „natürliches Monopol" wird eine Situation bezeichnet, in der eine einzige Unternehmung einen Dienst effizienter erbringen kann als mehrere konkurrenzierende Unternehmen. Vgl. KENNEDY, xix; SCHULTZ, 14.

5. Siehe Kapitel 3, S. 17.

2.2. Die USA[6]

Obwohl der US-Telekommarkt im Unterschied zu den Märkten der meisten anderen Länder nie ein Staatsmonopol kannte, etablierte sich der vom Erfinder des Telefons, Alexander Graham Bell, mitgegründete Konzern AT&T als privater *de facto*-Monopolist, ohne dass die Kartellbehörden seiner notorisch antikompetitiven Geschäftspraktiken Herr werden konnten.[7] Erst 1984 gliederte AT&T unter dem Druck der Kartellbehörden seine lokalen Netze in sieben unabhängige „Regional Bell Operating Companies“ (RBOCs) aus. Dies sollte verhindern, dass AT&T sein Monopol auf den Lokalnetzen zur Beherrschung des Markts für Ferngespräche, auf dem einige Konkurrenten tätig waren, missbrauchte. Die lokalen Netze selbst, damals noch als legitime natürliche Monopole geltend, blieben unter Monopolherrschaft der RBOCs.[8]

Der technische Wandel veranlasste den Bundesgesetzgeber zur Änderung dieser Auffassung. Der *Telecommunications Act* von 1996[9] sollte einen umfassenden Wettbewerb auf dem Telekommarkt herbeiführen, indem er unter anderem[10]

- der Federal Communications Commission (FCC) weitreichende regulatorische Kompetenzen verlieh,
- *incumbents* (ILECs) zur Interkonnektion mit *new entrants* (RLECs) verpflichtete,
- *incumbents* den Wiederverkauf von Telekomdiensten an Konkurrenten zu regulierten Grosshandelspreisen vorschrieb, und
- die *incumbents* verpflichtete, ihre Netzwerkelemente *new entrants* entbündelt zugänglich zu machen.

---

6. Vgl. allgemein KENNEDY, xvii–xxvii.
7. Vgl. SOMA / FORKNER / JUMPS, 568–69.
8. Vgl. a.a.O., 570–71.
9. Telecommunications Act of 1996, Pub. L. No. 104–104, 110 Stat. 56 (1996).
10. Vgl. SOMA / FORKNER / JUMPS, 576; KENNEDY, 36 f.

2.3. Die Europäische Union

In den 1980er Jahren wurde auch in Europa klar, dass die bis anhin bestehenden nationalen Telekommonopole nicht mehr aufrechtzuerhalten waren: Abgesehen von den gesamtwirtschaftlichen und -gesellschaftlichen Nachteilen der Monopolisierung drohte der europäische Telekomsektor, welcher aufgrund der Isolation der nationalen Märkte nicht Skalenerträge nutzen konnte, gegenüber den japanischen und US-Konkurrenten ins Hintertreffen zu geraten.[11]

Der Impuls zur Liberalisierung ging vor allem von der EG-Kommission aus. Auf ihre Klage hin hielt der EuGH im Leitentscheid *British Telecommunications*[12] fest, dass das Verbot des Missbrauches einer marktbeherrschenden Stellung (Art. 82 EGV) auch für staatliche Monopolunternehmen gilt. Vorbehalten bleiben nach Art. 86 Abs. 2 EGV bloss deren eigentliche Exklusivrechte (im Telekombereich typischerweise die Sprachtelefonie und das öffentliche Leitungsnetz betreffend).[13] Dies eröffnete der Kommission die Möglichkeit, gestützt auf ihre autonome Rechtsetzungskompetenz nach Art. 86 Abs. 3 EGV Richtlinien zur Liberalisierung des Telekommarktes zu erlassen.[14] Auf diesem Wege wurden bis 1996 sukzessive, später auch durch Richtlinien des Rates, alle Teilsektoren des Telekommarkts mit Ausnahme der oben erwähnten „reservierten Dienste“ dem europaweiten Wettbewerb geöffnet.[15] Die Mitgliedstaaten wandelten ihre staatlichen Monopolun-

11. Vgl. BRAUN / CAPITO, 51.
12. Urteil des Europäischen Gerichtshofes vom 20. März 1985, Italienische Republik gegen Kommission der Europäischen Gemeinschaften, Rs. 41/83, Slg. 1985 S. 873.
13. *British Telecommunications*, Rz. 22.
14. Vgl. NAFTEL / SPIWAK, 268, 270; siehe a.a.O. 267–83 für einen detaillierten Abriss der Liberalisierungsgeschichte mit Verweisen auf das Sekundärrecht und die Rechtsprechung.
15. Vgl. insb. die Richtlinien der Kommission über den Wettbewerb auf dem Markt für Telekommunikations-Endgeräte (88/301/EWG), Telekommunikationsdienste (90/388/EWG), Satellitenkommunikation (94/46/EG), Kabelfernsehnetze (95/51/EG) und mobile Kommunikation (96/2/EG).

ternehmen daraufhin in Publikumsgesellschaften um, um ihnen die Möglichkeit zur Teilnahme am Wettbewerb zu eröffnen. Die Liberalisierung führte aber nur zu einer teilweisen Privatisierung: In aller Regel behielten die Mitgliedstaaten die Kontrolle über die Unternehmen, sei es durch Sonderstimmrechte („golden shares") oder das Beibehalten der Kapitalmehrheit.

Auf Entscheidung des Rates hin hielt die Wettbewerbsrichtlinie I[16] 1996 fest, dass ab dem 1.1.1998 der gesamte Telekommarkt dem Wettbewerb zu öffnen sei, mithin alle nationalen Monopole zu entfallen haben. Die technologischen Neuerungen und die Schwierigkeiten, die sich durch die Umsetzung und Anwendung der inzwischen über 20 Richtlinien ergaben, veranlassten die Kommission aber schon 1999 zu einer Gesamtrevision des EU-Telekomrechts. Dabei sollte der Konvergenz der Inhalte Rechnung getragen und ein technologieneutraler, einheitlicher Regulierungsrahmen für alle elektronisch übermittelten Informationen und die ihnen zugrundeliegende Infrastruktur geschaffen werden.[17] Ausgenommen wurde bloss die Regelung von Radio- und TV-Programminhalten.

Der Regulierungsrahmen 2002 entfaltet nach Ablauf der Umsetzungsfrist seit Juli 2003 seine volle Wirkung in den Mitgliedstaaten. Er besteht im Wesentlichen aus folgenden Erlassen:

– Die wegen Dringlichkeit vorgezogene *Entbündelungsverordnung*[18] erlaubt Marktteilnehmern schon seit 2000 den entbündelten Zugang zum *local loop* der marktmächtigen Anbieter.[19]
– Die *Rahmenrichtlinie*[20] umschreibt die Pflichten der nationalen Regulierungsbehörden (NRA), präzisiert den Begriff der signifikanten

---

16. Richtlinie 96/19/EG der Kommission vom 13. März 1996 zur Änderung der Richtlinie 90/388/EWG hinsichtlich der Einführung des vollständigen Wettbewerbs auf den Telekommunikationsmärkten, Abl. L 074 vom 22/03/1996, 13–24.
17. Vgl. DÖNNI / SCHWAB, 254–53.
18. Verordnung 2887/2000/EG des Europäischen Parlaments und des Rates vom 18. Dezember 2000 über den entbündelten Zugang zum Teilnehmeranschluss, Abl. Nr. L 336 vom 30/12/2000 4–8.
19. Siehe unten 3.3.3, S. 24 ff.

Marktmacht im Telekombereich, ermöglicht den NRA *ex ante*-Massnahmen zur Sicherstellung effektiven Wettbewerbs und legt Grundprinzipien für die Verwaltung von Adressierungselementen, Frequenzen und Wegrechten fest.

- Die *Zugangsrichtlinie*[21] regelt die Grundsätze des Zugangs der Marktteilnehmer zu Telekomnetzen und -diensten sowie die hierfür notwendigen Interkonnektionsmodalitäten. Der Zugang ist transparent, nichtdiskriminierend und kostenorientiert zu gewähren.
- Die *Genehmigungsrichtlinie*[22] vereinheitlicht und minimiert die administrativen Eintrittsbarrieren im einzelnen Mitgliedstaat. Konzessionen werden von Globalbewilligungen abgelöst, auf deren Erteilung der Anbieter bei Erfüllen bestimmter technischer und finanzieller Voraussetzungen einen Anspruch hat.
- Die *Universaldienstrichtlinie*[23] umschreibt die für alle Nutzer sicherzustellende Grundversorgung mit Telekomdiensten (namentlich Sprachtelefonie und Schmalband-Datendienste). Sie sieht eine Finanzierung allfälliger Zusatzkosten durch öffentliche Gelder oder eine Abgabe auf Telekomdiensten vor.
- Die *Datenschutzrichtlinie*[24] enthält Minimalstandards des Datenschutzes für den Umgang mit Daten der Telekomdienstenutzer.

---

20. Richtlinie 2002/21/EG des Europäischen Parlaments und des Rates vom 7. März 2002 über einen gemeinsamen Rechtsrahmen für elektronische Kommunikationsnetze und -dienste, Abl. Nr. L 108 vom 24/04/2002 33–50.
21. Richtlinie 2002/19/EG des Europäischen Parlaments und des Rates vom 7. März 2002 über den Zugang zu elektronischen Kommunikationsnetzen und zugehörigen Einrichtungen sowie deren Zusammenschaltung, Abl. Nr. L 108 vom 24/04/2002 7–20.
22. Richtlinie 2002/20/EG des Europäischen Parlaments und des Rates vom 7. März 2002 über die Genehmigung elektronischer Kommunikationsnetze und -dienste, Abl. Nr. L 108 vom 24/04/2002 21–32.
23. Richtlinie 2002/22/EG des Europäischen Parlaments und des Rates vom 7. März 2002 über den Universaldienst und Nutzerrechte bei elektronischen Kommunikationsnetzen und Diensten, Abl. Nr. L 108 vom 24/04/2002 51–77.
24. Richtlinie 2002/58/EG des Europäischen Parlaments und des Rates vom 12. Juli 2002 über die Verarbeitung personenbezogener Daten und den Schutz der Privatsphäre in der elektronischen Kommunikation (Datenschutzrichtlinie für elektronische Kommunikation), Abl. Nr. L 201 vom 31/07/2002 37–47.

– Die *Wettbewerbsrichtlinie II*[25] fasst die sektoriellen Liberalisierungsrichtlinien zusammen und verbietet die Remonopolisierung des Telekomsektors.

2.4. Die Schweiz

2.4.1. Die Teilliberalisierung 1992

In der Schweiz erfolgte die Liberalisierung des Telekommarkts im Wesentlichen parallel zu der und stark beeinflusst durch die Entwicklung in der EU. Bis 1992 durften Telekomdienste nur durch die staatlichen PTT-Betriebe angeboten werden. Vor dem Hintergrund des technischen Wandels und der fortschreitenden Liberalisierung in der EU, den USA und Japan[26] sah sich der Schweizer Gesetzgeber zum Handeln gezwungen, wollte er verhindern, dass Innovationsrückstände und Monopolpreise die stets stärker auf die Telekommunikation angewiesene Wirtschaft und den Wirtschaftsstandort beeinträchtigten.[27]

Im Jahr 1992 löste das Fernmeldegesetz (FMG)[28] das Telegrafen- und Telefongesetz von 1922 ab. Das FMG sah einen freien Telekommarkt vor und schuf das Bundesamt für Kommunikation (BAKOM) zur Übernahme der regulatorischen Aufgaben der PTT-Betriebe. Bloss der Betrieb leitungsgebundener Übertragungsnetze (und somit das Angebot der Sprachtelefonie) blieb der Telecom PTT vorbehalten. Dies wurde mit dem „natürlichen Monopol" der PTT-Betriebe im Infrastrukturbereich und mit der Bedeutung des „Versorgungsauftrag[s] als sozial- und verteilungspolitisches Ziel"[29] begründet: Es wurde befürchtet, der Zu-

25. Richtlinie 2002/77/EG der Kommission vom 16. September 2002 über den Wettbewerb auf den Märkten für elektronische Kommunikationsnetze und -dienste, Abl. Nr. L 249 vom 17/09/2002 21–26.
26. Vgl. Botschaft 1996, 1411.
27. Vgl. a.a.O. 1411.
28. SR 784.10.

gang entlegener Siedlungen und sozial Benachteiligter zu Telekomdiensten würde gefährdet, sobald die PTT-Betriebe die Lokaltelefonie nicht mehr durch (dank Monopolschutz) hochprofitable Dienste wie die internationale Telefonie quersubventionieren könnten.

2.4.2. Die volle Liberalisierung 1998

Die technische Entwicklung, namentlich die fortschreitende Digitalisierung auch der Sprachtelefonie, und die weltweit beschleunigte Liberalisierung vor allem in der EU und im Rahmen der WTO liessen das Leitungsmonopol und somit die Idee natürlicher Monopole in der Telekommunikation überhaupt aber schon bald als unhaltbar erscheinen.[30] Im Jahr 1996 wurde das Fernmeldewesen daher umfassend revidiert. Die wichtigsten Punkte der seit 1998 geltenden Regelung sind die folgenden:

- Obwohl weiterhin laut Art. 92 Abs. 1 BV das „Post- und Fernmeldewesen ... Sache des Bundes [ist]“, fallen alle Staatsmonopole auf dem Telekommarkt dahin. Der Markteintritt unterliegt zur Qualitätssicherung einer *Konzessionspflicht.*[31] Auf Konzessionserteilung besteht bei Erfüllen der im Wesentlichen technischen Bedingungen ein Anspruch.[32]
- Die Telecom PTT wird in die spezialgesetzliche Publikums-AG *Swisscom* umgewandelt. Der Bund hält die Aktienmehrheit.[33]
- Um den Markteintritt von *new entrants* überhaupt zu ermöglichen, erhalten diese einen Anspruch auf *Interkonnektion* mit dem Netz von Swisscom.[34]

---

29. A.a.O., 1409.
30. Vgl. Botschaft 1996, 1410.
31. Art. 4 Abs. 1 FMG.
32. Art. 6 Abs. 3 FMG.
33. Siehe das Swisscom-Gesetz (Bundesgesetz vom 30. April 1997 über die Organisation der Telekommunikationsunternehmung des Bundes, SR 784.11).
34. Art. 11 FMG.

- Da Interessenkonflikte auftreten, wenn das BAKOM als Regulator tätig ist und gleichzeitig die Eigentümerrechte des Bundes an Swisscom ausübt, tritt als Regulator neu eine unabhängige *Kommunikationskommission* (ComCom) auf. Sie entscheidet erstinstanzlich über Konzessionserteilungen, Interkonnektion und die Verteilung von Frequenzen und Telefonnummern.
- Die von der Verfassung verlangte[35] *Allgemeinverfügbarkeit* der Telekomdienste wird durch die Einführung einer Grundversorgungskonzession (GVK) sichergestellt.[36]

2.4.3. Die Revision 2003

Die Liberalisierung des Telekommarkts war ein Erfolg. 2003 waren in der Schweiz rund 300 neue Anbieter tätig, die zusammen einen Marktanteil von (je nach Marktsegment) 30 bis 45 Prozent haben. Die Preise fielen seit 1998 um rund einen Drittel.[37] Gleichzeitig wurde die Dienstleistungspalette reichhaltiger, und die befürchteten Diskriminierungseffekte der Marktöffnung sind ausgeblieben. Auch die Einführung neuer Technologien, namentlich Mobiltelefonie und Internetdienste, konnte im Einklang mit der weltweiten Technologieentwicklung stattfinden.

Indessen bleibt „Swisscom über fünf Jahre nach der Marktöffnung auf vielen Märkten, die mit der Erbringung von Festnetzdiensten zu tun haben, immer noch dominierend; der Wettbewerb neigt zum Stillstand."[38] Um hier Abhilfe zu schaffen, wurde eine Revision des FMG in Angriff genommen, deren Kernpunkt der entbündelte Zugang zur letzten Meile ist.[39]

---

35. Art. 93 Abs. 2 BV: „Der Bund sorgt für eine ausreichende und preiswerte Grundversorgung mit Post- und Fernmeldediensten in allen Landesgegenden. Die Tarife werden nach einheitlichen Grundsätzen festgelegt."
36. Siehe unten 3.5.6, S. 44.
37. Daten aus der Botschaft 2003, 7954.
38. Botschaft 2003, 7956.
39. Siehe unten 3.6.3, S. 47.

2.5. Die multilaterale Marktöffnung im Rahmen der Welthandelsorganisation

In der Uruguay-Runde des GATT (1986–1994), die zur Gründung der WTO führte, wurde erstmals ein multilateraler Rechtsrahmen für den Handel mit Diensten geschaffen. Dabei ging es hauptsächlich darum, festzuhalten, welche WTO-Mitglieder[40] zur Zulassung des Imports welcher Dienste und damit der (gesamtökonomisch wertvollen, aber innenpolitisch kostspieligen) Konkurrenzierung ihrer inländischen Anbieter zu verpflichten waren. Die individuellen Verpflichtungslisten *(schedules of commitments)*, die Teil des Abkommens bilden, stellten bei Abschluss des GATS 1994 praktisch nur den *status quo* der Marktöffnung in den WTO-Mitgliedern dar. Die eigentliche Liberalisierung sollte, wie auch im GATT üblich, über sukzessive Verhandlungsrunden und eine progressive Ausweitung der Marktöffnungsverpflichtungen erreicht werden.[41]

Dienste können meist nicht wie Waren durch blosse Besitzübertragung gehandelt werden. Ihr Handel besteht in der grenzüberschreitenden Erbringung, was aus praktischen Gründen oft (und jedenfalls im Fall vieler Telekomdienste) die kommerzielle Präsenz des Anbieters, etwa durch eine Tochtergesellschaft, im Land des Kunden voraussetzt. Dies ist aber nur möglich, wenn die Diensterbringung jemandem anderem als dem Staat überhaupt erlaubt ist. Die Aufhebung von Staatsmonopolen ist daher Voraussetzung für das Eingehen von einigermassen weitreichenden Marktöffnungsverpflichtungen.[42]

In den Uruguay-Verhandlungen führte dieser Umstand zu einer klassifikatorischen Zweiteilung des Telekomsektors nach dem Vorbild der damaligen US-amerikanischen Regelung.[43] Die (nach damaligem

40. Ausser souveränen Staaten zählt die WTO nach Art. XII des Marrakesch-Abkommens zur Errichtung der WTO auch „Sonderzollgebiete“ zu ihren Mitgliedern, z.B. Hongkong, Taiwan und (zusätzlich zu ihren Mitgliedstaaten) die EU.

41. Vgl. Teil IV des GATS. Vgl. allgemein zur politischen Ökonomie der WTO-Verträge JACKSON / DAVEY / SYKES, 34 ff.

Verständnis) grundlegenden „Basistelekomdienste" wie Sprachtelefonie und Datenübertragung waren noch fast weltweit Gegenstand von Staatsmonopolen. So genannte „Mehrwert-Telekomdienste" wie E-Mail dagegen, die auf Basisdiensten aufbauten, waren dank ihrer Neuheit meist nicht monopolisiert worden. Viele Staaten erklärten sich daher zur Aufnahme der Mehrwertdienste in ihren Schedule bereit. Trotz grossem Druck seitens der USA, deren private und relativ kompetitive Anbieter eine Expansion ins Ausland wünschten, liessen sich aber zu wenige Vertragsparteien auf die damals noch hoch kontroverse Aufhebung ihrer Monopole ein. Daher verweigerten die USA aus Reziprozitätsgründen ebenfalls ihre Marktöffnung.[44] Am Ende der Uruguay-Runde gingen somit zwar 56 Staaten Verpflichtungen im Bereich der Mehrwertdienste ein, aber im Bereich der Basisdienste taten dies nur 22 Staaten, und auch diese nur in stark begrenztem Umfang.[45]

Man einigte sich auf die Abhaltung einer zusätzlichen Verhandlungsrunde,[46] die bis zum 15. Februar 1997 dauerte. In der Zwischenzeit hatte sich die Technik mit dem Aufkommen des Internet rasant verändert und die Staatsmonopole in den OECD-Ländern waren ins Wanken geraten. Selbst einige Entwicklungsländer erkannten, dass die Erneuerung ihrer meist veralteten Telekomsysteme ausländisches Kapital und Know-how benötigte.[47] Die WTO-Verhandlungen forcierten umgekehrt auch die nationalen Liberalisierungsbemühungen, indem sie

42. Siehe Art. XVI:2 GATS. Staatsmonopole sind aber nicht *per se* WTO-rechtswidrig: die Mitglieder können auf entsprechende Marktzugangsverpflichtungen verzichten oder sie einschränken; sie müssen dann gemäss Art. VIII GATS bloss für das Verhalten des Monopolisten wie für ihr eigenes einstehen. Ebensowenig verlagt das WTO-Recht die Privatisierung ehemaliger Monopolunternehmen (vgl. NAFTEL / SPIWAK, 95).

43. Vgl. KOENIG / BRAUN, 18.

44. Vgl. BRONCKERS / LAROUCHE, 7–8; MATHEW, 50–51.

45. Vgl. CLERC, 219. Die EU-Mitgliedstaaten zählen dabei einzeln.

46. Grundlage waren der *Annex on Negotiations on Basic Telecommunications* zum GATS und die *Ministerial Decision on Negotiations on Basic Telecommunications*, die beide Teil des Marrakesch-Acquis sind (Abs. 1 des *Final Act embodying the results of the Uruguay Round of Multilateral Trade Negotiations*).

47. Vgl. MATHEW, 74.

den zu privatisierenden Monopolunternehmungen die Möglichkeit eröffneten, bei einer allseitigen Liberalisierung ihrerseits im Ausland tätig zu werden, wogegen sie bei einer Aufrechterhaltung ihres Monopols den Anschluss an den entstehenden Welt-Telekommarkt zu verlieren drohten.[48]

Vor diesem Hintergrund führten die Verhandlungen zum Erfolg: 69 Staaten, die über 90% des Welt-Telekommarkts ausmachten, gingen im 4. Protokoll zum GATS weitreichende Verpflichtungen im Basis-Telekomsektor ein.[49] Namentlich die OECD-Staaten, so auch die USA, die EU und die Schweiz, verpflichteten sich zu einer praktisch vollständigen Marktöffnung des Telekomsektors.

---

48. Vgl. Botschaft 1996, 1411f.
49. Vgl. MATHEW, 71–2; CLERC, 217.

3. Zugang zu Telekomnetzen

3.1. Die Besonderheiten der Telekomdienste

Seit der Aufhebung der Staatsmonopole allein war das Ziel der Liberalisierung – die Herbeiführung eines echten Wettbewerbs und die Nutzung marktwirtschaftlicher Effizienz- und Innovationsvorteile – noch nicht zu erreichen. Denn Telekomdienste unterscheiden sich in zwei bedeutenden Punkten von vielen anderen Diensten:

Zum ersten spielen Telekomdienste wirtschaftlich eine Doppelrolle. Einerseits sind sie eigenständige Dienste, die gegen Entgelt erbracht werden, andererseits dienen sie als Transportmittel und Erbringungsgrundlage für unzählige andere wirtschaftliche und gesellschaftliche Tätigkeiten (etwa wenn telefonische Vertragsverhandlungen stattfinden oder wenn über das Internet Einkäufe getätigt werden). Versagen oder Mängel des Telekommarkts berühren daher weite Teile der Gesamtwirtschaft.[50]

Zum zweiten sind Telekomdienste wie Wasser, Elektrizität, Schienenverkehr etc. *infrastrukturgebundene* Dienste. Sie können nur über eine flächendeckende Infrastruktur, meist ein Leitungsnetz[51] erbracht werden, deren Erstellung und Betrieb äusserst zeit- und kapitalaufwendig ist.[52] In den Industrieländern existiert bereits ein solches Netz: das Telefonnetz, welches von den jeweiligen *incumbents* hauptsächlich in ihrer Zeit als private oder, häufiger, Staatsmonopolisten unter Einsatz

---

50. Vgl. SCHULZ, 13 f.
51. Drahtlose Technologien, welche in letzter Zeit stark weiterentwickelt worden sind, eignen sich aus physikalischen Gründen praktisch nur zur Feinverteilung von Telekomdiensten. Signale mit hoher Frequenz und somit hoher Bandbreite breiten sich quasioptisch aus, was ihre Reichweite stark einschränkt. Sie sind auch mit besonderen regulatorischen und praktischen Schwierigkeiten verbunden (siehe auch 3.5.3.2, S. 39).

von Monopolrenten erstellt wurde. Dieses Netz wirkt sich als Markteintrittsschranke für *new entrants* aus:[53]

Der *new entrant* würde kaum Kunden finden, könnte er nicht garantieren, dass sein Netz wie das des *incumbent* die Kommunikation mit jedermann zumindest im betreffenden Land erlaubt; er müsste also das Netz des *incumbent* eins zu eins duplizieren und zu jedem einzelnen Gebäude im Lande Leitungen verlegen.[54] Dies wäre wohl undurchführbar, bedenkt man die regulatorischen und praktischen Hürden für eine solche landesweite Bautätigkeit.

Zudem hätten *new entrants* keine Aussicht, die Auslagen für ein eigenes flächendeckendes Netz je zu amortisieren. Sie stehen in Preiskonkurrenz zum *incumbent*, dessen unter Monopolschutz erstelltes Netz bereits weitgehend abgeschrieben ist und der durch sein grossflächiges Tätigwerden bedeutende Skaleneffekte nutzen kann. Er wird stets in der Lage sein, einen Preis vorzugeben, der den *new entrants* nicht erlaubt, ihr eigenes Netz zu finanzieren.

Schliesslich wäre es makroökonomisch unsinnig, mehrere parallele Netze zu erstellen, deren Kapazität je nur zu einem geringen Teil genutzt würde. Diese Ausgangslage verhindert trotz formeller Liberalisierung des Markts einen Markteintritt von *new entrants* und vereitelt einen tatsächlichen Wettbewerb.

---

52. Diese Aufwendungen werden auch als *sunk costs* bezeichnet. 1996 wurde der Wert allein der Leitungen im Eigentum der Telecom PTT auf 10 Milliarden CHF geschätzt (Votum BR Leuenberger zu Art. 36a FMG, Amtl. Bull. 1997 N 379).

53. Vgl. für die Probleme des Eintritts in Telekommärkte allgemein SCHULZ, 13–24.

54. Dies ist der Extremfall einer *Netzwerkexternalität*. Ein Netzanschluss wird für Kunden um so wertvoller (d.h. für den Betreiber um so lukrativer), je mehr andere Teilnehmer am Netz angeschlossen sind. Dies erlaubt wirtschaftlich ein Wachstum des Netzes, welches sich proportional zur bestehenden Netzgrösse beschleunigt. Dies wiederum behindert alle Marktteilnehmer, die nicht über das grösste Netz verfügen (vgl. CLERC 239).

3.2. Die Zugangslösung und ihre Probleme

Es ist vorgeschlagen worden, dieses Problem durch eine Aufteilung des *incumbent* in eine Netzbetreiber- und eine Dienstleistungsgesellschaft, oder durch andere Formen der strukturellen Trennung von Infrastruktur und Diensten zu lösen.[55] Im Telekomrecht hat sich diese Lösung nicht generell durchgesetzt.[56] Das allgemeine und sektorspezifische Wettbewerbsrecht in den Staaten, die ihren Telekommarkt liberalisiert haben, gesteht den *new entrants* dafür die Mitbenutzung des Netzes des *incumbent* zu. Die *new entrants* entrichten dafür ein kostenorientiertes Entgelt. Dies erlaubt einen Wettbewerb zwischen den Anbietern: Der *incumbent* kann auf seinem Netz nicht mehr Monopolrenten abschöpfen, weil seine Kunden sonst zum *new entrant* abwandern, und der *new entrant* kann innovative Dienste anbieten, um sich vom Angebot des *incumbent* abzuheben. Das Wettbewerbsrecht hat diese Lösung im Rahmen der Doktrin der *essential facilities*[57] entwickelt, während das Sektorrecht von einer *Interkonnektion* oder neu allgemeiner von Zugang spricht.[58]

Dieser Ansatz bringt eine Reihe von Herausforderungen für den Gesetzgeber mit sich:

- Das schwierigste ist die Festlegung des angemessenen Preises für die Mitbenutzung des Netzes: wird er zu hoch oder zu tief angesetzt, wird entweder der *new entrant* oder der *incumbent* benachteiligt. Es existieren verschiedene Preismodelle, so dass die Zugangsgebühren für ein und dasselbe Produkt in verschiedenen OECD-Ländern um bis zu 900% variieren.[59]

---

55. Vgl. SCHULZ, 22 f.
56. Vgl. a.a.O., vgl. allgemein OECD 2001; OECD, Structural Separation.
57. Siehe unten 3.5, S. 34.
58. Siehe unten 3.3, S. 22.
59. *Shared access* zum local loop etwa kostet in Norwegen 13.49 US$ pro Monat, in Japan 1.51 US$ und in Frankreich 2.51 US$ (OECD 2003, 29). Allerdings haben die nationalen *incumbents* auch durchaus unterschiedliche Kostenstrukturen, etwa aufgrund der Topografie und Besiedelungsdichte der einzelnen Staaten.

- In aller Regel lässt sich eine Zugangsregelung nicht einvernehmlich implementieren. Der *incumbent* hat den Anreiz, dem *new entrant* die Kooperation soweit als möglich zu verweigern, da er durch dessen Konkurrenz nur verlieren kann. Es werden also komplexe behördliche, meist auch gerichtliche, Verfahren notwendig, um die genauen Einzelheiten einer Zugangsgewährung festzulegen. Die Zugangslösung führt damit nicht zu einer Deregulierung, sondern zu einer „Re-Regulierung“ des Marktes.
- Da die Zugangspreise je nach Marktsegment 30 bis 70% der gesamten Betriebskosten des *new entrant* ausmachen,[60] sind die behördlichen Entscheide über Preise und Bedingungen für die Marktsituation wesentlich massgebend. Es besteht die Gefahr des Auftretens typisch planwirtschaftlicher Informations- und Allokationsdefizienzen bei den Behörden.
- Die technisch komplexe Zusammenschaltung der Netze durch Verbindung der Geräte beider Betreiber und die dazu meist notwendige Installation und Wartung von Geräten des *new entrant* in permanenten Einrichtungen des *incumbent* (die so genannte *Kollokation*) wird praktisch dadurch erschwert, dass sie der *incumbent* nur unter einem rechtlichen Kontrahierungszwang duldet.
- Eine Zugangslösung kann Anreize für die *new entrants* schaffen, auf den Aufbau eigener Infrastruktur zu verzichten, und das ganze Risiko, das mit Entwicklung und Betrieb grosser Netze verbunden ist, dem *incumbent* zu belassen. Würde man so ein „statisches, *incumbent*-zentrisches Modell des ständigen Wiederverkaufs schaffen, in dem jeder seinen hauptsächlichen Input bei einem einzigen Monopolisten bezieht“,[61] würden Wettbewerb und Innovation auf der Hardwareebene (etwa zur Entwicklung neuer Anschlusstechnologien) ebenso stagnieren, wie wenn der *incumbent* weiterhin Monopolist bliebe. Dieses Problem kann weitgehend durch die Anwendung eines geeigneten Preismodells gelöst werden, bei dem der *incumbent* Anspruch auf einen angemessenen *return on investment* und Geschäftsgewinn hat.

60. Vgl. CLERC, 240.
61. NAFTEL / SPIWAK, 208 (Übersetzung des Autors).

– Die meisten Staaten kennen ein System der Grundversorgung mit regulierten einheitlichen Preisen. *New entrants* können aber kostenorientierte Preise verlangen, und müssen so Benutzer an entfernten Standorten (und damit höheren Infrastrukturkosten) nicht bevorteilen. Ist dies unerwünscht, muss das Zugangspreismodell auf den Durchschnittskosten des Gesamtnetzes beruhen *(geographic averaging)*.[62]
– Schlussendlich wandelt sich der Telekommarkt mit einer atemberaubenden Geschwindigkeit. Erlasse laufen Gefahr, schon bei Inkrafttreten überholt zu sein (wie die Legislationsgeschichte der EU und der Schweiz zeigt), und wenn Zugangsbedingungen in jahrelangen gerichtlichen Verfahren erstritten werden müssen, hat das Ergebnis meist kaum noch einen Bezug zur neuen Marktrealität. Die Rechtsstaatlichkeit verbietet aber, die Verfahren allzusehr abzukürzen, da sie immerhin einen Eingriff in die Eigentums- und Wirtschaftsfreiheit des *incumbent* zum Gegenstand haben.[63] Hier drängt sich ein Modell der *ex ante*-Regulation nach EU-Vorbild auf, bei dem der Regulator periodisch allgemeingültige Bedingungen für den Zugang zur Infrastruktur des *incumbent* festlegt. Im Schweizer *ex post*-System dagegen, an dem auch in der FMG-Revision 2003 noch festgehalten wird,[64] muss jeder *new entrant* einzeln und langwierig seinen Zugang erstreiten.

62. Vgl. OECD 2003, 13.
63. Vgl. KLEY, Express (nimmt schweren Eingriff an); POLEDNA, Replik (nimmt leichten Eingriff an).
64. Vgl. Botschaft 2003, 8002. Das vom Bundesrat als Grundlage des *ex post*-Prinzips angeführte „Verhandlungsprimat", bei dem „den Marktakteuren die Vereinbarung der Bedingungen ihrer Beziehungen ... überlassen" wird (Botschaft 2003, 7963), ist m.E. fehl am Platz, da angesichts der entgegengesetzten Interessen von *incumbent* und *new entrant* keine echte Verhandlungssituation besteht. Der *incumbent* kann durch einen Zugang des *new entrant* zum Netz nur verlieren (seine Monopolrente nämlich). Er wird daher die „Verhandlungen" so lange als möglich blockieren, was dem *new entrant* schlussendlich nur den gerichtlichen Weg offenlässt. Vgl. allgemein hierzu und zu verwandten Problemen CSOPORT / V. ZEDTWITZ.

3.3. Zugang: Interkonnektion oder auch Entbündelung?

Bisher haben wir abstrakt von „Zugang“ zu Telekomnetzen gesprochen. Der technologische Wandel und die neuen Dienste, die er ermöglicht, hat einen Streit darüber entbrennen lassen, welche Art von Zugang genau ermöglicht werden soll. Dabei steht der Begriff der „Interkonnektion“ wie auch der der „Entbündelung“ von Netzwerkelementen, namentlich der so genannten „letzten Meile“ bzw. des „local loop“ des Telefonnetzes, im Zentrum der Diskussion. Wir müssen zunächst diese Begriffe klären.

3.3.1. Interkonnektion

Die herkömmliche Art des Zugangs von *new entrants* zu Netzen ist die der Zusammenschaltung oder *Interkonnektion*. Die nationalen Rechtsordnungen fassen den Begriff unterschiedlich auf. So handelt es sich nach der Definition von Art. 3 Bst. e FMG bei Interkonnektion um

> die Verbindung von Fernmeldeanlagen und Fernmeldediensten, die ein fernmeldetechnisches und logisches Zusammenwirken der verbundenen Teile und Dienste sowie den Zugang zu Diensten Dritter ermöglicht.

Im US-Recht gilt:

> (c) ... [E]ach incumbent local exchange carrier has the following duties: ... (2) INTERCONNECTION. – The duty to provide, for the facilities and equipment of any requesting telecommunications carrier, interconnection with the local exchange carrier's network – (A) for the transmission and routing of telephone exchange service and exchange access; (B) at any technically feasible point within the carrier's network...[65]

Die inzwischen durch die Zugangsrichtlinie abgelöste Zusammenschaltungsrichtlinie der EU definierte Zusammenschaltung als

65. U.S. Telecommunications Act, 47 U.S.C. 251 (c) (2).

> die physische und logische Verbindung von Telekommunikationsnetzen, die von derselben oder einer anderen Organisation genutzt werden, um Benutzern einer Organisation die Kommunikation mit Benutzern derselben oder einer anderen Organisation oder den Zugang zu den von einer anderen Organisation angebotenen Diensten zu ermöglichen. Dienste können von den beteiligten Parteien erbracht werden oder von anderen Parteien, die Zugang zum Netz haben;[66]

Im neuen Rechtsrahmen der EU wird die Unterscheidung zwischen Interkonnektion und anderen Zugangsformen deutlicher gemacht, indem zur obigen Definition der Zusammenschaltung hinzugefügt wird: „Zusammenschaltung ist ein Sonderfall des Zugangs und wird zwischen Betreibern öffentlicher Netze hergestellt."[67]

Nach diesen Bestimmungen wird der Markteintritt der *new entrants* dadurch ermöglicht, dass sie ihr Netz gegen Entgelt so mit dem des *incumbent* verbinden können, dass Teilnehmer des einen Netzes mit den des anderen kommunizieren können.[68] Dies entfernt das Problem der Netzwerkexternalitäten als Hauptmarkteintrittsschranke für new entrants.[69]

3.3.2. Von der Interkonnektion zum allgemeinen Zugang

Da der *incumbent* bei der Interkonnektion „über die auf der Leitung eingesetzte Übertragungs- und Vermittlungstechnologie entscheidet, fungieren die Interkonnektionspartner im Wesentlichen als Wiederverkäu-

---

66. Zusammenschaltungsrichtlinie, Art. 2 Abs. 1 Bst. a).
67. Zugangsrichtlinie, Art. 2 Bst. b).
68. Vgl. WEBER, Zugang, 26. In Reaktion auf das *Commcare*-Urteil des Bundesgerichts (siehe unten 4.3.1.1, S. 65 f.) wurde in der Lehre verschiedentlich die Auffassung vertreten, der Schweizer Interkonnektionsbegriff sei weit genug, um auch den entbündelten Zugang zum Netz (siehe gleich anschl. im Haupttext) zu beinhalten (siehe v.a. POLEDNA, Stolpersteine; V. ZEDTWITZ). Diese Arbeit geht, ohne sich zu dieser Frage der Auslegung des Schweizer Rechts zu äussern, davon aus, dass das WTO-Recht, wie das der USA und der EU, konzeptuell unterscheidet zwischen den Zugangsformen der Interkonnektion und dem entbündelten Zugang (siehe insb. unten 7.1, S. 110 ff.).
69. Siehe oben Fn. 54.

fer des ... Angebots“[70] des *incumbent*. Dies kann, wie zu zeigen sein wird, dazu führen, dass der *incumbent* seine Kontrolle der Übermittlungsverfahren zur Beherrschung anderer Märkte missbraucht, indem er den Umstand ausnützt, dass diese Märkte nur durch den Einsatz neuer Übermittlungsverfahren erreichbar sind. Um dies zu verhindern, hat das neuere EU-Recht das allgemeine Konzept des „Zugangs“ eingeführt, nämlich:

> die ausschließliche oder nicht ausschließliche Bereitstellung von Einrichtungen und/oder Diensten für ein anderes Unternehmen unter bestimmten Bedingungen, zur Erbringung elektronischer Kommunikationsdienste. Darunter fallen unter anderem: Zugang zu Netzkomponenten und zugehörigen Einrichtungen, wozu auch der feste oder nicht feste Anschluss von Einrichtungen gehören kann (dies beinhaltet insbesondere den Zugang zum Teilnehmeranschluss sowie zu Einrichtungen und Diensten, die erforderlich sind, um Dienste über den Teilnehmeranschluss zu erbringen); Zugang zu physischen Infrastrukturen wie Gebäuden, Leitungen und Masten; Zugang zu einschlägigen Softwaresystemen, einschließlich Systemen für die Betriebsunterstützung; Zugang zur Nummernumsetzung oder zu Systemen, die eine gleichwertige Funktion bieten; Zugang zu Fest- und Mobilfunknetzen, insbesondere um Roaming zu ermöglichen; Zugang zu Zugangsberechtigungssystemen für Digitalfernsehdienste und Zugang zu Diensten für virtuelle Netze.[71]

Die „Entbündelung“, oder besser der entbündelte Zugang zu Netzen, ist eine Variante hiervon, wie das folgende Kapitel zeigt.

3.3.3. Entbündelung

3.3.3.1. Telekommunikation in Netzen: Ein Stapel hierarchischer, interoperabler Schichten

Die Erbringung von Telekomdiensten über Netze lässt sich an einem Schichtenmodell illustrieren. Zuunterst liegt als physische Schicht das Übertragungsmedium, etwa ein Kupfer- oder Glasfaserkabel bzw. Ra-

---

70. V. ZEDTWITZ, 366.
71. Zugangsverordnung, Art. 2 Bst. a).

diowellen im Falle drahtloser Kommunikation. Auf ihr bauen die technischen Prozesse auf, die die Weiterleitung und Verarbeitung der Informationen im Netz übernehmen; diese können als Hardware (etwa Switches, Router, Multiplexer) oder als Software (etwa der TCP/IP-Protokollstapel in Computerbetriebssystemen[72]) ausgestaltet werden. Zuoberst liegen die vom Nutzer wahrnehmbaren Anwendungen und Dienste, die ihrerseits aufeinander aufbauen können, etwa Telefongespräche, E-Mail, SMS oder das WWW.

Jede einzelne Schicht stellt gleichzeitig eine *Wertschöpfungsstufe* dar. Die Schichten bauen zwar aufeinander auf, so dass obere Schichten ohne die Präsenz der unteren nicht funktionieren können. Da die Schichten aber durch abstrakte Modelle voneinander abgegrenzt[73] und durch technische Standards so ausgestaltet sind, dass ihre Schnittstellen genau definiert sind, ist es möglich, dass sie jeweils von verschiedenen Akteuren bereitgestellt werden. So kann z.B. Unternehmung A eine Kabelleitung besitzen, B den Datentransport darüber besorgen, C die Verbindung ins Internet herstellen und D über Internet E-Mail-Dienste erbringen.

Die Digitalisierung der Telekomnetze, die diese Schichtentrennung praktisch erst ermöglicht hat, erlaubt damit eine arbeitsteilige vertikale Differenzierung der Telekom-Wertschöpfungskette, wie sie in der „old economy" gang und gäbe ist, etwa im Fall der Kette zwischen Rohstofflieferanten, verarbeitenden Unternehmen, Gross- und Detailhändlern.

---

72. Vgl. ANTTALAINEN, 260 ff.
73. Die genaue Art dieser technischen Schichten variiert von Netz zu Netz; sie können aber mit Hilfe des ISO OSI-Referenzmodells abstrakt klassifiziert werden. Jedes Netz verfügt diesem Modell zufolge zwischen der physischen Schicht (Stufe 1) und der Anwendungsschicht (Stufe 7) über eine Verbindungs-, Netzwerk-, Transport-, Sitzungs- und Darstellungsschicht (Stufen 2-6) (vgl. ANTTALAINEN 252 ff.).

3.3.3.2. Entbündelung: Die Trennung der Schichten

„Entbündelung" bedeutet allgemein die *regulatorische Trennung dieser Wertschöpfungsstufen.*[74] Beim Zugang von *new entrants* zu Netzen ist die Idee der Entbündelung von doppelter Bedeutung:

- Die *Kostenentbündelung* ist ein Prinzip der Kostenberechnung für den Zugang zu Netzen. Der *new entrant* soll ihm zufolge nicht nur die Kosten nur derjenigen Netzwerkelemente, sondern auch nur derjenigen Elemente und Schichten des Netzes abgelten, die von ihm tatsächlich benutzt werden. Ein *new entrant*, der eine Backboneleitung des *incumbent* zum blossen Datentransport benützt, soll so nicht verpflichtet werden, auch Kosten abzugelten, die dem *incumbent* für den Versand von Kunden-E-Mails über diese Leitung entstehen (etwa für den Betrieb der Mailserver), sondern nur diejenigen für Betrieb und Unterhalt der Datentransportschichten und der Leitung selbst.[75]
- Beim *entbündelten Zugang* zum Netz geht es darum, dass der *new entrant* selber entscheiden kann, auf welcher Schicht er ins Netz einsteigen will, und welche tieferen Schichten er vom *incumbent* übernehmen (und bezahlen) will. Er kann sich z. B. entscheiden, nur die physische Schicht (z. B. das Kupferkabel) zu übernehmen und die höheren Schichten selbst zu betreiben, d. h. „die auf der Leitung verwendeten Übertragungs- und Vermittlungstechnologien selbst zu bestimmen."[76]

  Diese Entbündelung zu Zugangszwecken ist nicht in jedem Fall notwendig. Oft ergibt sich schon aus der Natur einer Schicht, dass ihr Betreiber Dritte nicht daran hindern kann, darauf aufsetzende Dienste anzubieten. Ein ISP z.B. kann aufgrund der offenen Struktur des Internet nicht verhindern, dass seine Kunden auch andere E-Mail-Dienste als die von ihm selbst angebotenen benützen. Wo aber der Zugang zu einer Schicht nicht ohne weiteres möglich ist, weil ein Akteur alle

---

74. Vgl. POLEDNA, Stolpersteine, 333.
75. Siehe zur Umsetzung dieses Prinzips in der EU-Zusammenschaltungsrichtlinie unten 7.1.1.2, S. 113.
76. WEBER, Zugang, 29.

Schnittstellen kontrolliert, muss eine Trennung regulatorisch erfolgen. Dies ist in der Praxis meist der Fall bei der untersten, physischen Schicht und den auf ihr aufsetzenden technischen Schichten, deren Betreiber kraft seines Eigentums Dritten den Zugang verweigern kann.

Von Entbündelung spricht man auch, wenn von Anbietern verlangt wird, ihre Dienste den *Endkunden* nicht nur als Paket (z. B. Kabel-TV gekoppelt an den Bezug von Kabelradio, oder ein Computerbetriebssystem zusammen mit einem Internet-Browser) anzubieten, sondern auch einzeln. Diese Massnahmen haben jedoch nichts mit dem Zugang zu Netzen zu tun.

Spricht man in der regulatorischen Diskussion von „Entbündelung", ist damit in der Regel der entbündelte Zugang zum Netz gemeint. Auf die wettbewerbsrechtliche Motivation für diese Zugangsform wird unten genauer eingegangen.[77] Nachteilig – jedenfalls für die *incumbents* – wirkt sie sich insofern aus, dass sie einen wesentlich intensiveren regulatorischen Eingriff in die technische und ökonomische Struktur ihrer Geschäftstätigkeit mit sich bringt. Denn eine Schicht, die sich ökonomisch und funktionell als solche identifizieren lässt, kann in ihrer technischen Implementation so eng mit anderen Schichten verknüpft sein, dass ihre praktische Trennung mit einigem Aufwand verbunden ist. Dies akzentuiert die oben erwähnten inhärenten Schwierigkeiten einer Zugangslösung[78] und stellt erneut höhere Ansprüche an das Verhalten von Behörden und Marktteilnehmern, um zu verhindern, dass solche Reibungsverluste die Maschinerie des Telekommarktes zum Stillstand bringen.

---

77. Siehe unten 3.5, S. 34.
78. Siehe oben S. 19 f.

3.4. Entbündelter Zugang zum Local Loop

Obwohl entbündelter Zugang grundsätzlich zu fast jeder Telekominfrastruktur möglich ist, ist heute ein Anwendungsfall von vorrangiger Bedeutung: der entbündelte Zugang zum Teilnehmeranschluss des Telefonnetzes bzw. das *Unbundling of the local loop* (ULL). Bevor gezeigt wird, wieso dem so ist, soll dargestellt werden, wie ULL in der Praxis funktioniert.

3.4.1. Die Struktur des Telefonnetzes

Das öffentliche Telefonnetz (Plain Old Telephone System, POTS) der Swisscom AG, welches im 20. Jahrhundert durch die PTT-Betriebe erstellt wurde, kann vereinfacht unterteilt werden in ein überörtliches Maschennetz und örtliche Sternnetze.[79] Die Ortszentralen sind untereinander maschenartig mit Hochleistungsverbindungen (früher analog über Koaxialkabel, heute zusehends digital über Glasfasern) vernetzt.[80] Die Hausinstallation jedes Telefonkunden wiederum ist mit der Ortszentrale über ein zweiadriges Kupferkabel, den *local loop*, verbunden.[81] Diese Sterntopologie des örtlichen Telefonnetzes ermöglicht, dass jeder Kunde von der Ortszentrale aus über seinen eigenen local loop ansprechbar ist.

3.4.2. Datenübertragung über den local loop

Die technische Nutzung des POTS ist seit der Erfindung des Telefons dieselbe geblieben: über eine zweiadrige Kupferleitung fliesst ein Strom, der moduliert durch die Wellenform der zu übertragenden Töne

---

79. Vgl. SIEGMUND, 145 f.; ANTTALAINEN, 37 f.
80. Vgl. ANTTALAINEN, 45.
81. Vgl. ANTTALAINEN, 41.

zum Informationsträger wird. Automatische Schaltwerke (früher noch menschliche Operateure) schalten die Leitungen so, dass ein geschlossener Stromkreis zwischen den beiden Verbindungsteilnehmern entsteht, über den das informationstragende Signal fliesst.[82]

Seit Beginn des Computerzeitalters wird das POTS jedoch nicht nur für die Sprachtelefonie, sondern auch für die Datenübertragung verwendet. Hierfür müssen die zu übertragenden digitalen Daten in eine Wellenform transformiert (moduliert) werden, die auf den auf der Kupferleitung fliessenden Strom übertragen und am anderen Ende wieder in einen digitalen Bitstrom übersetzt (demoduliert) wird. Die dabei erreichte *Bitrate* – d.h. die Datenmenge, die pro Zeiteinheit transportiert werden kann – ist im Wesentlichen abhängig von der Leitungslänge und dem genutzten Frequenzbereich (der *Bandbreite*)[83]; diese wiederum ist abhängig von der Leistungsfähigkeit der verwendeten Mikroelektronik. Diese hat sich bis anhin in Einklang mit *Moores Gesetz* ungefähr alle 18 Monate verdoppelt.[84]

Solange die erreichbare Bitrate gering war, lag es nahe, für die Datenübertragung via POTS die Bandbreite des analogen Telefonsignals, das sogenannte *Voice Band* von 0.3 bis 4 kHz, zu nutzen.[85] Damit konnte die existierende Vermittlungstechnik des POTS genutzt werden. Ein Datenstrom wurde so als Telefongespräch von Punkt zu Punkt geschaltet, etwa von einem Kundenanschluss zum Einwahlknoten eines Internetdiensteanbieters (ISP), der die Verbindung ins Internet sicherstellte.[86] Bis ungefähr 1998 bestand somit keine technische Notwendigkeit, die unterste, physische Schicht des POTS (das Kupferkabel) und die

82. Vgl. ANTTALAINEN, 23, 28–29.
83. Vgl. ANTTALAINEN, 83 f.
84. GORDON E. MOORE, Mitbegründer von Intel, prognostizierte 1965, dass sich die Anzahl Transistoren pro Prozessor (und damit die Rechenleistung von Computern) ungefähr alle 18 Monate verdoppeln wird. Dieses „Gesetz" hat bis heute Gültigkeit behalten und die technologische und wirtschaftliche Entwicklung der letzten Jahrzehnte wesentlich geprägt. Vgl. TUOMI.
85. Vgl. GAGNAIRE, 22 ff.; ANTTALAINEN, 262 f.
86. Diese Art des Internetzugangs, bis vor ein paar Jahren die gängigste für Privatkunden, wird daher auch als „dial up" bzw. Einwahlverfahren bezeichnet. Vgl. GAGNAIRE, 22.

nächstobere (das Voiceband-Signal) zu entbündeln. Alle Dienste, die über das POTS erbracht werden konnten – die Sprachtelefonie selbst, ihre Zusatzdienste wie Telefonkonferenzen und Auskunftsdienste, und auch die eben erwähnte Datenübertragung via Voiceband-Modem – basierten technisch auf dem standardisierten Voiceband-Signal. *New entrants*, die Zugang zum Telefonnetz des *incumbent* verlangten, konnten sich daher mit der Interkonnektion auf Signalebene zufriedengeben, d.h. verlangen, dass die Netze so verbunden werden, dass das Signal netzübergreifend geschaltet werden konnte, um den Benutzern der beiden Netze die gegenseitige Kommunikation zu ermöglichen.

Die Bandbreite des Voiceband-Signals beschränkt die so erreichbare Bitrate auf 56 kbit/s.[87] Seit Beginn der 1990er Jahre war der Stand der Mikroelektronik weit genug fortgeschritten, dass durch Ausnutzung höherer Frequenzbereiche weitaus höhere Bitraten ermöglicht wurden. Dies und der Preiszerfall der Mikroelektronik eröffneten dieser *Breitbandtechnologie* ab ca. 1996 den Privatkundenmarkt.[88] Nachdem in den neunziger Jahren Versuche, Private mit *Video on demand* für den Bezug von Breitbanddiensten zu gewinnen, infolge unreifer Technologie fehlschlugen, hat sich heute das Internet als zentrale Anwendung dieser Dienste etabliert. Wichtigstes Qualitätsmerkmal der Breitbanddienste ist die *Bitrate*, d.h. die übertragbare Informationsmenge pro Zeiteinheit.

Als Standard für die Breitband-Datenübertragung über Telefonleitungen hat sich das DSL-Verfahren *(digital subscriber line)* etabliert. Es löst das ISDN-Verfahren ab, welches in den neunziger Jahren zur Digitalisierung des Anschlussnetzes entwickelt wurde.[89] DSL verwendet das *asynchronous transfer mode*-Verfahren (ATM), ein verbindungsorientiertes paketvermitteltes Datenübertragungsverfahren, welches um ein Vielfaches höhere Bitraten als ISDN liefern kann.[90] Für moderne

87. Vgl. GAGNAIRE, 23.

88. „Der Begriff ‚Breitband' bezeichnet in der Regel ‚permanente' Internet-Anschlüsse mit einer wesentlich höheren Geschwindigkeit als Einwahlverbindungen (dial-up), die die Bereitstellung innovativer Inhalte, Anwendungen und Dienste unterstützen." (Kommission 2004, 5)

89. Vgl. ANTTALAINEN, 49 f.

Breitbandanwendungen ist ATM besonders geeignet, da es erlaubt, parallel laufenden Anwendungen individuelle Prioritäten zuzuteilen (*quality of service*, QoS).[91] So kann über eine DSL-Verbindung z.b. gleichzeitig verzögerungsfrei ein TV-Programm empfangen und ein VoIP-Telefongespräch geführt werden, während eine dritte Person die restliche Kapazität für Internetdienste nutzen kann.

DSL und seine Varianten (A-/H-/VDSL, kollektiv *xDSL*) sind jedoch mit folgenden Einschränkungen behaftet:

- DSL setzt den Anschluss eines DSL-Modems an beide Enden der Leitung voraus. Diese Modems sind für Privatkunden erst seit einigen Jahren preislich erschwinglich. Erbringerseitig werden die DSL-Modems in einem *DSL Access Multiplexer* (DSLAM) zusammengefasst, welcher das Breitbanddatennetz des Erbringers mit den local loops verbindet.[92]
- Die maximal erreichbare Bitrate ist aus physikalischen Gründen invers proportional zur Leitungslänge, wie Tabelle 1 unten zeigt. Dies bedeutet, dass der DSLAM so nahe als möglich beim Kunden installiert werden muss. Meist ist der einzig mögliche Ort hierfür die Ortszentrale des *incumbent*, wo die local loops einiger hundert Kunden zusammenlaufen. Für neuere Verfahren wie VDSL muss die Aufschaltung des DSLAM sogar höchstens 2 km vom Kundenanschluss entfernt erfolgen. Daher verlangen *new entrants* zunehmend auch nach *sub-loop unbundling*, d.h. der Möglichkeit zur Erstellung von Verbindungspunkten auf dem local loop selbst.[93]

Technik	*Bandbreite (kHz)*	*Maximale Bitrate (kbit/s)*	*Maximale Verbindungsdistanz (km)*
Voiceband-Modem (dial up)	0.3-4	56	unbegrenzt (Verstärkung durch das Telefonnetz)

Tabelle 1: Heute verwendete Verfahren zur Datenübertragung auf Kupferleitungen

90. Vgl. CABALLERO et al. 99.
91. Vgl. CABALLERO et al. 122.
92. Vgl. ANTTALAINEN, 270.

Technik	*Bandbreite (kHz)*	*Maximale Bitrate (kbit/s)*	*Maximale Verbindungs-distanz (km)*
ISDN-Modem (dial up)	1-80 (Deutschland bis 120)	2 x 64	8 (mit Regeneratoren 20)
ADSL	25-1'100	1'500-8'000	3-5
VDSL	25-12'000	52'000	0.1-2
Ethernet	bis 350'000	1'000'000 (10 Gbit/s in Entwicklung)	< 0.1 (bisher nur in LANs)

Tabelle 1: Heute verwendete Verfahren zur Datenübertragung auf Kupferleitungen

Quellen: FOSTER et al. 38-43, 46; ANTTALAINEN, 271; SIEGMUND, 422

3.4.3. Die technische Umsetzung: Drei Varianten der Entbündelung

ULL kann auf verschiedene Arten verwirklicht werden:[94]

3.4.3.1. Full Access

Die vollständigste Entbündelung bietet die Variante des *full access.* In diesem Fall betreibt der *new entrant* eigene DSLAMs in der Ortszentrale des *incumbent.* Die local loops der Kunden, die sich zum Bezug der Telekomdienste des *new entrant* entschlossen haben, werden über den Verteiler (*main distribution frame*, MDF) mit dem DSLAM des *new entrant* verbunden, der seinerseits über einen *traffic concentrator* an das eigene überörtliche Datennetz des *new entrant* (den *backhaul* oder *backbone*) angeschlossen ist. Der *new entrant* hat so die alleinige Kontrolle über den local loop. Er kann daher:

93. Vgl. OECD 2003, 9.
94. Vgl. allgemein OECD 2003, 7 ff.

- dem Kunden ein eigenes *Dienstleistungssortiment* aus z. B. Internetdiensten, Telefonie (analog oder VoIP), Radio- und TV-Übertragung sowie allfälligen Mehrwertdiensten anbieten. Da er die vollständige technische Kontrolle über jeden Teil der Verbindung hat, kann er die Übertragungstechnik und deren Parameter wie Bitrate und QoS selber bestimmen. Insbesondere die Kontrolle der QoS ist Voraussetzung für die Implementation von Anwendungen, die in Echtzeit ablaufen müssen (VoIP, Videokonferenzen, Computerspiele etc.) oder die auf IP-Multicasting basieren (Bild- und Tonübertragungen aller Art).
- die *Übertragungstechniken* selbst bestimmen, z. B. an Stelle der älteren DSL-Standards effizientere neue Verfahren einführen, wie etwa das sich in Entwicklung befindliche *Ethernet Framing* (EFM).[95]

3.4.3.2. Shared Access

Wo ein *new entrant* keine Telefoniedienste anbieten will oder darf, bietet sich die Methode des *shared access* (in den USA *line sharing* genannt) an. Auch hier installiert der *new entrant* eigene DSLAMs in den Ortszentralen des *incumbent*. Frequenzsplitter an beiden Leitungsenden sorgen aber dafür, dass der *new entrant* weiterhin über das *Voice Band* den konventionellen Telefondienst erbringen kann, während der höhere Frequenzbereich dem *new entrant* für DSL-Dienste zur Verfügung steht.

3.4.3.3. Bitstream Access

Bei der Zugangsform des *bitstream access* ist der Zugang weniger stark entbündelt. Der *incumbent* erbringt zugunsten des *new entrant* zumindest die eigentliche Datenübertragung über den local loop, so dass der *new entrant* nicht eigene DSLAMs in der Ortszentrale des *incumbent* installieren muss.[96] Je nach Ausgestaltung des Angebots übernimmt der

95. Vgl. GAGNAIRE 374 ff.
96. Vgl. CoCom 2003, 2.

incumbent auch den *backhaul*, also den Datentransport zu einem *point of presence* des *new entrant*.[97]

Ein blosser Wiederverkauf, und nicht ULL, liegt vor, wenn der *incumbent* auch noch die Endkunden-Anwendungen bereitstellt, etwa die Verbindung ins Internet übernimmt, und der *new entrant* das endkundenfertige Dienstepaket nur noch vermarkten muss. ULL setzt voraus, dass eine tatsächliche Trennung von Wertschöpfungsstufen vorliegt, um dem *new entrant* zu ermöglichen, seine Angebote von denen des *incumbent* preislich und inhaltlich zu differenzieren.[98]

3.5. Entbündelter Zugang und der Wettbewerb

3.5.1. Die essential facilities*-Doktrin*

ULL als gesetzlicher Vertragszwang zwischen *incumbent* und *new entrant* ist ein schwerwiegender Eingriff in die Eigentums- und Wirtschaftsfreiheit des *incumbent*,[99] der sich nur durch ein bedeutendes öffentliches Interesse rechtfertigen lässt.[100] Hierbei handelt es sich um das Interesse der Allgemeinheit an einem funktionierenden Markt für Dienste, die über Telekomnetze erbracht werden können.

3.5.1.1. Die essential facilities*-Doktrin im allgemeinen Wettbewerbsrecht*

Die Rechtsprechung namentlich der unteren US-Bundesgerichte hat für Konstellationen, wo die Kontrolle eines Unternehmens über gewisse Einrichtungen (hier der Beherrschung des vorgelagerten Markts für Lokalzugangsinfrastruktur) Auswirkungen auf die Wettbewerbssituation

97. Vgl. ERG 2003, 5.
98. Vgl. ERG 2003, 6; CoCom 2003, 2.
99. Vgl. WEBER, Zugang, 45.
100. Im Schweizer Recht verlangt dies Art. 36 Abs. 2 BV; vgl. WEBER, Zugang, 58.

auf „nachgelagerten" Märkten (hier den Telekomdiensten, und, diesen nachgelagert, den Anwendungen) hat, die *essential facilities*-Doktrin entwikkelt.[101] Im Leitentscheid *MCI v. AT&T* hatte der 7. Circuit Court of Appeals zu entscheiden, ob der *incumbent* AT&T dem Ferngesprächsanbieter MCI Interkonnektion mit dem Lokalnetz von AT&T zu gewähren hatte.[102] Das Gericht entschied, dass ein Unternehmen unter folgenden Bedingungen Anspruch auf die Benutzung einer Einrichtung hat:

> (1) control of the essential facility by a monopolist; (2) a competitor's inability practically or reasonably to duplicate the essential facility; (3) the denial of the use of the facility to a competitor; and (4) the feasibility of providing the facility.[103]

Das Wettbewerbsrecht der EU hat diese Doktrin seit den 1990er Jahren im Ergebnis rezipiert. In Kommissionsentscheidungen wurde die Verweigerung des Zugangs zu Containerhäfen als missbräuchliche Verhaltensweise i. S. v. Art. 83 EGV qualifiziert,[104] und der EuGH ist, ohne die Doktrin explizit zu bestätigen, ihr in der Sache verschiedentlich gefolgt.[105] Auch im Schweizer Wettbewerbsrecht, in dem die *essential facilities*-Doktrin „nicht ausdrücklich verankert" ist,[106] finden sich in jüngerer Zeit Entscheide, denen Elemente der Doktrin zugrundeliegen.[107]

Die *essential facilities*-Doktrin ist allerdings weder klar umrissen noch unumstritten.[108] Selten ist der *essential facility*-Charakter einer Einrichtung so klar wie im Falle von Infrastrukturnetzen. Zudem wird u. a. vorgebracht, dass ein Zwang Privater, Einrichtungen mit Konkur-

---

101. In *United States vs. Terminal Railroad Association of St. Louis, 224 U.S. 383 (1912)*, erwarben Eisenbahngesellschaften Bahnhöfe u. dgl., deren Benützung sie ihren Konkurrenten verweigerten. Der Supreme Court gewährte diesen Mitbenutzung zu diskriminierungsfreien Bedingungen, worin viele den Ursprung der Doktrin erblicken (vgl. GRONER, 270).
102. Vgl. SCHINDLER, 15.
103. *MCI v. AT&T*, 143.
104. Vgl. SCHINDLER, 35.
105. Vgl. BARTOSCH, 129–134, siehe auch Fn. 111.
106. GRABER, Lost Highway, 229.
107. Vgl. a. a. O.
108. Vgl. SCHINDLER, 4; GIUDICI, 242.

renten zu teilen, die Anreize zerstört, die *sunk costs* für solche Einrichtungen überhaupt aufzubringen.[109] Während die Doktrin sich in Europa erst durchzusetzen beginnt, scheint sie in ihrem Herkunftsland USA bereits wieder ausser Mode zu geraten.[110] Der Slalomkurs des U.S. Supreme Court und des EuGH in *essential facilities*-Fragen reflektiert die Zielkonflikte und Theorienstreite in diesem Gebiet.[111] Von einer weltweit akzeptierten Konzeption der Doktrin kann jedenfalls keine Rede sein.

3.5.1.2. Die essential facilities*-Doktrin im Telekomrecht*[112]

Im Bereich der Telekommunikation ist die *essential facilities*-Doktrin am wenigsten umstritten, denn die bestehenden Telekomnetze sind grossmehrheitlich unter Monopolschutz erstellt worden. Zu ihnen Zu-

109. Vgl. HYNTON, 209. Für eine eingehende Kritik an der Doktrin vgl. insb. AREEDA, IV.

110. Vgl. für eine Darstellung der Diskussion in den USA DIBADJ, dem zufolge „the essential facilities doctrine currently inhabits the fringes of antitrust law." (DIBADJ, 835). Siehe auch Fn. 111.

111. Beide Gerichte haben Entscheide gefällt, die als Anwendungsfälle der Doktrin verstanden worden sind, ohne die Doktrin selbst aber je zu erwähnen. Vgl. zur Praxis des EuGH SHIN, 55 ff.; GIUDICI, 86 ff.; vgl. zur Praxis des SCOTUS SHIN, 17 ff; GIUDICI, 38 ff. Die Anwendung der Doktrin in den USA überhaupt in Frage stellen könnte aber das in der Sache einstimmig ergangene Urteil des SCOTUS in *Verizon v. Trinko* vom 13. Januar 2004. Der SCOTUS verweigerte dem Antitrustrecht vordergründig nur die Anwendung auf einen Interkonnektionsfall, im Wesentlichen weil „[t]he 1996 Act's extensive provision for access makes it unnecessary to impose a judicial doctrine of forced access." (*Verizon v. Trinko*, 11) Zur *essential facilities*-Doktrin nahm er formell keine Stellung: „We have never recognized such a doctrine ... and we find no need either to recognize it or to repudiate it here." (a.a.O.) Richter SCALIAS Urteil ist aber von einer tiefen Skepsis gegenüber der Doktrin geprägt. Indem der SCOTUS festhält: „The Sherman Act ... does not give judges *carte blanche* to insist that a monopolist alter its way of doing business whenever some other approach might yield greater competition", und indem er seinen bisher als Anwendungsfall der Doktrin betrachteten Entscheid *Aspen Skiing* (vgl. SHIN, 27) als „at or near the outer boundary of §2 liability" (*Verizon v. Trinko*, 9) bezeichnete, scheint er einer zukünftigen Anwendung der Doktrin den Weg zu verbauen.

112. Vgl. allgemein SCHULTZ, 65 ff.

gang zu gewähren, zerstört daher nicht Anreize für die Erstellung neuer Einrichtungen in einem kompetitiven Umfeld. In den USA und der EU wurde dieser Zugang anfänglich durch Anwendung des allgemeinen Wettbewerbsrechts sichergestellt,[113] welches seit den neunziger Jahren zusehends im Schatten der sektorspezifischen Zugangsregeln steht. Diese Regeln setzen die *essential facilities*-Doktrin vereinfacht um, indem sie Mitbewerbern ein gewisses Niveau an Zugang zu Diensten und Einrichtungen von Anbietern mit einer gewissen Marktmacht gewähren.

3.5.2. Die incumbents *als Gatekeeper im Breitbandbereich*

Wie wir gesehen haben, sollte mit der Zugangsform der Interkonnektion vor allem die Markteintrittsbarriere der Netzwerkexternalitäten beseitigt und die Kommunikation zwischen Netzen sichergestellt werden. Diese Methode war ausreichend, um den Wettbewerb zwischen Telekomanbietern sicherzustellen, solange jedes Netz an ein bestimmtes Verfahren und bestimmte Dienste gebunden war.

Nachdem die Technologie heute die Einrichtung von Breitbandinternetverbindungen über fast jede Art von Netz erlaubt, ist damit zu rechnen, dass binnen einer Dekade sämtliche Telekomdienste und audiovisuellen Inhalte auch oder nur noch über das Internet angeboten werden. Die stetig steigende Bitrate der Verbindungen und Rechenleistung der PCs erlaubt nicht nur das Anbieten der traditionellen Anwendungen wie Telefonie (in der Form von VoIP), Radio, TV und Internetzugriff über eine einzige Breitbandverbindung, sie ermöglicht auch neue Anwendungen wie *video on demand*, Videokonferenzen, Multiplayer-Computerspiele und *virtual-reality*-Umgebungen. Dieses Zusammengehen der Anwendungen bezeichnet man als *Konvergenz*.

Durch ihre Kontrolle über die technische Nutzung ihrer Netze verfügen die *incumbents* nun über eine *Gatekeeper*-Funktion:[114] Da nur sie DSLAMs an den local loop anschliessen können, können auch nur sie

113. Siehe oben 2.2, S. 7; 2.3, S. 8.
114. Vgl. GRABER, Lost Highway, 224.

DSL über den local loop anbieten. So kontrollieren sie den Zugang zu den erwähnten, nur über Breitbanddienste erreichbaren Märkten.

Für die *new entrants* ist es für den Zugang zu diesen nachgelagerten Märkten nicht ausreichend, wenn ihnen, wie in der Schweiz der Fall, das Recht zum Wiederverkauf des DSL-Endkunden-Dienstepakets des *incumbents* zugestanden wird. Denn ohne die Möglichkeit, die Übertragungstechnik, etwa durch Anschluss eigener DSLAMs, selbst zu bestimmen, können sie viele Anwendungen nicht implementieren, da sie die notwendigen Einstellungen – namentlich QoS für Echtzeitanwendungen – nicht treffen können. Ihnen fehlt so auch die Möglichkeit, durch Innovation auf Anwendungs- oder technischer Ebene einen Mehrwert gegenüber dem Angebot des *incumbent* zu schaffen.[115] Um dies zu ermöglichen, bietet sich ULL als regulatorische Lösung an.

3.5.3. Alternative Zugangstechnologien

Die oben beschriebene Gatekeeper-Stellung kommt dem *incumbent* nur dann zu, wenn sein local loop, wettbewerbsrechtlich gesprochen: eine *essential facility* ist: *New entrants* sind diesfalls auf seine Nutzung angewiesen, da es für sie ökonomisch unmöglich ist, zu jedem Kunden in der Schweiz eigene Leitungen zu verlegen. Da die Erbringung von Breitbanddiensten aber grundsätzlich auch über andere Netze als das POTS möglich ist, wird namentlich von Seiten der *incumbents* vorgebracht, ULL sei nicht nötig, weil der Dienstewettbewerb dank dem funktionierenden Infrastrukturwettbewerb bereits ausreichend gewährleistet sei. Um dies zu prüfen, müssen wir die alternativen Zugangstechnologien und ihre Stellung im Markt kurz Revue passieren lassen.

3.5.3.1. Die Unterscheidung zwischen Fern- und Lokalbereich

Zunächst muss festgehalten werden, dass sich die Frage nach der *essential-facility*-Natur öffentlicher Netze heute hauptsächlich im Lokalbereich stellt. Der Aufbau eines eigenen Netzes zwischen Ortschaften

115. Vgl. GABELMANN, 10.

stellt für *new entrants* eine vergleichsweise niedrige Hürde dar, da heutzutage eine einzige fiberoptische Leitung für die Übermittlung auch grösster Datenmengen ausreicht. Die Digitalisierung der Telekommunikation erlaubt *new entrants* auch, Kapazitäten von Betreibern anderer überörtlicher Telekomnetze (z.B. Eisenbahnen, Elektrizitätswerken oder der Armee) einzukaufen oder Leitungen gemeinsam zu betreiben. Im Bereich der Feinverteilung dagegen existiert nur ein Netz, das alle Haushalte abdeckt: das POTS bzw. dessen *local loop*. Vorliegend sollen also nur lokale Zugangstechnologien verglichen werden.

3.5.3.2. Drahtlose Zugangstechnologien

Seit einigen Jahren existieren Technologien zur drahtlosen Erbringung von Breitbanddiensten, zusammengefasst unter der Bezeichnung *Wireless Local Loop* (WLL). Wie bei der Mobiltelefonie werden hier Breitbanddienste über zentral installierte Antennen erbracht, die mit Empfängern der Benutzer korrespondieren. Trotzdem haben sich WLL-Verfahren bisher nicht durchsetzen können, da die notwendige Apparatur immer noch relativ teuer ist, das Radiospektrum bereits dicht belegt ist und die Errichtung eines flächendeckenden Antennennetzes – wie bei der Mobiltelefonie – auf Widerstand in der Öffentlichkeit stösst.[116] Auch die Schweizer Topografie und die hohe Regulationsdichte für die Erstellung von Antennen behindern die Einführung von WLL.[117] Heute sind daher „nur sehr vereinzelt ... WLL-Netze in Betrieb. [Ein Anbieter] betont zudem, dass eine Flächendeckung kaum erreicht werden wird."[118] Die ComCom hat daher festgestellt, dass „WLL entgegen früheren Erwartung zu keiner ernsthaften Alternative zur letzten Meile der Swisscom wurde."[119]

116. Vgl. von Zedtwitz, 367.
117. Vgl. Weko 2001b, 354 f., Rz. 37.
118. Weko 2001b, 354 f., Rz. 37.
119. ComCom 2002, 20.

3.5.3.3. *CATV*

DSL-Dienste können auch über Fernsehkabel erbracht werden. Kabelfernsehnetze (CATV-Netze) erreichen rund 85% der Schweizer Haushalte.[120] CATV-Netze sind aber nicht für den Duplexbetrieb konzipiert worden und müssen daher aufwendig umgerüstet werden, was noch nicht schweizweit geschehen ist.[121] CATV-Teilnetze weisen auch keine Stern-, sondern eine Baumtopologie auf, d.h. eine einzige Leitung verzweigt sich sukzessive hin zu den einzelnen Kunden.[122] Mehrere Kunden müssen daher das begrenzte Frequenzspektrum eines Kabels nutzen,[123] was zusammen mit CATV-spezifischen Interferenzproblemen[124] die Kapazität stark einschränkt.[125] Die Umnutzung für Breitbanddienste ist daher deutlich aufwendiger als die des POTS, und ULL ist der Topologie wegen praktisch nur im *bitstream access* möglich.[126] Das einzige grosse Schweizer CATV-Netz, das von Cablecom AG, deckt zudem nur 40% der Schweizer Haushalte ab.[127] Die restlichen Netze sind in der Hand kleiner regionaler Betreiber, was Skaleneffekte und die Innovation auf Diensteebene erschwert.[128] Aus der Perspektive der *new entrants* verunmöglicht die zersplitterte Marktstruktur wegen der unzähligen Verhandlungspartner einen grossflächigen Markteintritt.[129]

3.5.3.4. *Fiber to the Home (FTTH)*

Glasfaserkabel erlauben um bis zu eine Million mal höhere Bitraten als kupferbasierte Technologien wie DSL.[130] Da aber DSL-Bitraten für

120. Vgl. Weko 2001b, 353, Rz. 30.
121. Vgl. Weko 2001b, 354, Rz. 31.
122. Vgl. WEBER, Zugang, 21 f.; ANTTALAINEN, 277 f.
123. Vgl. TASSEL, 286.
124. Vgl. TASSEL, 285.
125. Vgl. WEBER, Zugang, 21 f.; ANTTALAINEN, 51.
126. Vgl. WEBER, Zugang, 32.
127. Vgl. Botschaft 2003, 7958, Fn. 21.
128. Vgl. Weko 2001b, 354, Rz. 32; Weko 2004, 368, Rz. 53.
129. Vgl. Weko 2004, 367, Rz. 47.
130. Vgl. LINGG / IMHOLZ.

heute gängige Breitbandanwendungen wie Internetzugang und TV/Radio ausreichend sind,[131] und da die Verlegung neuer Glasfaserkabel bedeutende Kosten mit sich bringt, kann FTTH zurzeit jedenfalls im Privatkunden- und KMU-Markt ADSL-Angebote nicht konkurrenzieren.

3.5.3.5. Andere Zugangstechnologien

Breitbanddienste können auch über andere Technologien erbracht werden. Diese sind aber noch kaum ausgereift oder im Vergleich zum local loop nicht konkurrenzfähig. Insbesondere die Erbringung von Breitbanddiensten übers Stromnetz (*Power Line Communications*, PLC) ist noch nicht marktreif.[132] Breitbanddienste via Satellit zu erbringen, ist theoretisch möglich, allerdings nur im Simplexbetrieb („downstream"). Für die Rückverbindung wird ein anderes Netz benötigt.[133]

3.5.4. Die gegenwärtige Wettbewerbslage

Die Betrachtung der ökonomischen und technischen Rahmenbedingungen der alternativen Zugangstechnologien führen zum Schluss, dass keine von ihnen für *new entrants* eine wirkliche ökonomische Alternative zum local loop darstellt, der somit als *essential facility* zu betrachten ist.[134] Die Stellung des *incumbent* auf dem Schweizer Markt bestätigt dies. Die Schweizer Wettbewerbskommission (Weko) hat verschiedentlich bestätigt, dass Swisscom eine marktbeherrschende Stellung in den Märkten der Breitbandinfrastrukturen und -dienste inne hat.[135] Dabei kam sie zum Schluss:

---

131. Vgl. LINGG / IMHOLZ, Grafik „Anwendungen und dafür benötigte Bandbreiten".
132. Vgl. Bakom 2002a, 3; Weko 2001b, 355, Rz. 41; Weko 2004, 363, Rz 29.
133. Vgl. Weko 2001b, 355, Rz. 40.
134. Vgl. Botschaft 2003,7957 f.; Weko 2002, 359; BAKOM 2002a, 12; ComCom 2002, 11.
135. Vgl. Weko 2001a, Weko 2001b, Weko 2002, Weko 2004.

dass mehrere alternative Breitbandinfrastrukturen auf der Basis von xDSL, CATV, WLL und UMTS parallel im Aufbau begriffen sind, diese aber aufgrund ihrer momentan sehr beschränkten Verfügbarkeit weder einzeln noch zusammen eine Alternative bieten. Einzig das Angebot von CATV, welches zurzeit zwischen 260'000 und 400'000 Haushalte in Ballungszentren erreicht, vermag dem aktuellen Wettbewerb eine gewisse disziplinierende Wirkung, auf das Verhalten von Swisscom AG, zu verleihen. Diese Wirkung ist jedoch sehr gering, auch aufgrund der Tatsache, dass kein Wholesaleangebot von CATV existiert. Das Vorhandensein eines genügenden, aktuellen Wettbewerbs ist somit zu verneinen.

Die Beurteilung des potenziellen Wettbewerbs, ausgehend von alternativen Breitbandinfrastrukturen, ist mit Unsicherheiten verbunden. Diese betreffen sowohl die technischen Möglichkeiten der alternativen Breitbandinfrastruktur als auch den zeitlichen Rahmen für deren Verbreitung. [...]

Aufgrund der Beurteilung des aktuellen und potenziellen Wettbewerbs kommt die Wettbewerbskommission zum Schluss, dass sich Swisscom auf dem Markt für Breitbanddienste weitgehend unabhängig verhalten kann und somit im Sinne vom Artikel 4 Absatz 2 KG als marktbeherrschendes Unternehmen anzunehmen ist.[136]

Diese Lagebeurteilung liegt auch der Botschaft des Bundesrats zur Einführung von ULL auf dem Gesetzesweg zugrunde.[137] Obwohl auf dem schnelllebigen Telekommarkt schon zwei Jahre alte Daten mit Vorsicht zu geniessen sind, hat sich die Lage auf dem Breitbandmarkt seit 2002 nicht wesentlich geändert. Weder sind wesentliche infrastrukturbasierte Breitbandanbieter in den Markt eingetreten, noch sind alternative Zugangstechnologien seither wesentlich praxistauglicher geworden.

Im Gegenteil ist ADSL, erbracht über local loops von Swisscom, in den letzten Jahren gegenüber CATV wesentlich marktstärker geworden. So konnte Swisscom im Jahr 2003 die Anzahl ihrer ADSL-Anschlüsse um 150% auf 487'000 steigern.[138] Eine Studie prognostiziert, dass ADSL namentlich aufgrund der besseren Abdeckung des POTS bis 2008 europaweit einen Marktanteil von 71% erreichen wird.[139] Es ist also davon auszugehen, dass Swisscom weiterhin den Breitbandmarkt beherrscht.

---

136. Weko 2002, 445 f., Rz. 40–42.
137. Vgl. Botschaft 2003, 7957 f.
138. Vgl. Swisscom 2003, 68.
139. Vgl. MARSH.

Swisscom bietet ihren Endkunden-ADSL-Internetdienst sowohl dem zur Swisscom-Gruppe gehörenden ISP Bluewin wie auch *new entrants* zum Wiederverkauf (wholesale) an.[140] 2003 wurden 44% der ADSL-Anschlüsse so von *new entrants* vertrieben.[141] Da die *new entrants* so aber keinen Einfluss auf die Gestaltung des Dienstes und der darüber ermöglichten Anwendungen haben, kann auf diesem Wege kein Wettbewerb auf Diensteebene, sondern allenfalls (begrenzt) einer auf Preisebene stattfinden. Wie die Weko 2002 festgestellt hat, bestehen darüber hinaus Anhaltspunkte, dass Swisscom ihre marktbeherrschende Stellung auf dem Wholesale-Markt missbraucht hat, indem sie ihre Tochter Bluewin beim Wiederverkauf gegenüber den *new entrants* bevorteilte.[142]

3.5.5. Sprachtelefonie: Die captive customers

Die Ermöglichung von ULL würde sich auch auf den Markt für Sprachtelefonie auswirken. Heute darf Swisscom als Inhaberin der Grundversorgungskonzession (GVK) für die blosse Bereitstellung eines Voiceband-Telefonieanschlusses eine Pauschalgebühr von 23.45 CHF pro Monat erheben.[143] Auch Benutzer, die auf dem Interkonnektionswege einen anderen Anbieter heranziehen, sind darauf angewiesen, dass ein Rufton auf ihrer Leitung ist. Sie müssen diese Gebühr daher bezahlen, solange sie die letzte Meile nicht anders, etwa via VoIP über ein Breitbandangebot eines CATV-Anbieters, überbrücken können.

Ein Benutzer dagegen, der sich für den Bezug aller Telekomdienste von einem *new entrant* über eine entbündelte Leitung entschliessen kann, kann auf den analogen Anschluss Swisscoms und somit auf die Entrichtung der Gebühr verzichten. Der *new entrant*, der für *full access* seinerseits eine kostenorientierte (und daher typischerweise tiefere) Gebühr entrichten muss,[144] kann dem Benutzer daher billiger Voiceband-

140. Vgl. Weko 2002, 441, Rz. 11 ff.
141. Vgl. Swisscom 2003, 68.
142. Vgl. Weko 2002, 451, Rz. 66.
143. Art. 26 Abs. 1 Bst. a Ziff. 2 FDV.

Telefonie anbieten. Alternativ, auch bei *shared* oder *bitstream access*, könnte er seinen Kunden, wie es der CATV-Anbieter Cablecom heute schon tut, Telefonie in Form von VoIP über seinen Breitbanddienst anbieten, was dem Kunden die Kündigung des Voiceband-Anschlusses von Swisscom erlaubt.

3.5.6. ULL und die Grundversorgung

Der Bund hat den Verfassungsauftrag, „eine ausreichende und preiswerte Grundversorgung mit Post- und Fernmeldediensten in allen Landesgegenden" zu landesweit einheitlichen Tarifen sicherzustellen.[145] Diese Aufgabe wurde bis 2003 von Gesetzes wegen durch die PTT-Betriebe bzw. Swisscom AG wahrgenommen.[146] Seither wird alle 5 Jahre eine GVK ausgeschrieben, deren Inhaberin verpflichtet ist, landesweit Anschlüsse für Voiceband-Telefonie und Voiceband-Datenübertragung (aber nicht Breitbanddienste) anzubieten,[147] für die der Bundesrat Preisobergrenzen festlegt.[148] Die Bewerberinnen können dabei Investitionsbeiträge für die ungedeckten Kosten der Grundversorgung beantragen.[149] Solche Beiträge würden durch eine Abgabe auf die Telekomdienste aller Anbieter finanziert. 2003 wurde die GVK erstmals an Swisscom, die einzige Bewerberin, vergeben, ohne dass diese Investitionsbeiträge beanspruchte.[150] Da der Anspruch auf Investitionsbeiträge die Kosten der Grundversorgung garantiert, gefährdet ULL die Grundversorgung nicht.[151]

---

144. Die monatlichen Preise für full access zum local loop liegen in der OECD um rund 11 US$ / 13 CHF (aus: OECD 2003, 30). Es existieren starke Variationen unter den Staaten und auch einzelnen Regionen.
145. Art. 92 Abs. 2 BV. Vgl. allgemein FISCHER, 696 ff.
146. Art. 66 FMG.
147. Art. 16 Abs. 1 Bst. a FMG. Zusätzlich müssen unter der GVK auch öffentliche Sprechstellen, Notruf- und Verzeichnisdienste betrieben werden (Bst. b-d).
148. Art. 17 Abs. 2 FMG. Die Preisgrenzen sind in Art. 26 Abs. 1 FDV bestimmt.
149. Art. 19 FMG / Art. 17 FDV.
150. Vgl. ComCom 2004, 13 f.; GRABER, Lost Highway, 225 f.
151. Vgl. BAKOM 2002a, 14; GRABER, Lost Highway, 225 f.; ComCom 2004, 13.

3.6. Die Umsetzung von entbündeltem Zugang im Recht

Die meisten entwickelten Nationen, darunter alle Mitglieder der OECD mit Ausnahme der Schweiz, Neuseelands und Mexikos,[152] sehen ULL in ihrem Telekomrecht vor. Der Umfang der Entbündelungspflicht variiert jedoch stark von Staat zu Staat, wie die folgende Übersicht zeigt:

3.6.1. ULL in den USA

Die USA sahen im Telecommunications Act von 1996 als erster Staat überhaupt eine Entbündelungspflicht vor:

> (c) ... [E]ach incumbent local exchange carrier has the following duties: ... (3) UNBUNDLED ACCESS – The duty to provide, to any requesting telecommunications carrier for the provision of a telecommunications service, nondiscriminatory access to network elements on an unbundled basis at any technically feasible point ... An incumbent local exchange carrier shall provide such unbundled network elements in a manner that allows requesting carriers to combine such elements in order to provide such telecommunications service.[153] ...
>
> (d) ... (2) ACCESS STANDARDS – In determining what network elements should be made available for purposes of subsection (c)(3), the Commission shall consider, at a minimum, whether – (A) access to such network elements as are proprietary in nature is necessary; and (B) the failure to provide access to such network elements would impair the ability of the telecommunications carrier seeking access to provide the services that it seeks to offer.[154]

Da die Entscheidungen des Bundesregulators FCC, die gestützt auf Art. 251(d)(2) ergangen sind, gerichtlich anfechtbar sind, streiten sich die FCC, die ILECs und die CLECs seit 1996 um den genauen Umfang der Entbündelungsverpflichtung.[155] Nachdem der U.S. Supreme Court

---

152. OECD 2003, 16–18. Tschechien und Polen haben ULL seit Erscheinen dieses Berichts eingeführt, die Slowakei bereitet die Einführung vor.
153. U.S. Telecommunications Act, 47 U.S.C. 251 (c) (3).
154. U.S. Telecommunications Act, 47 U.S.C. 251 (d) (2).

eine erste Entscheidung der FCC von 1996 letztinstanzlich aufhob, konnte die FCC erst 1999 eine gültige Liste der zu entbündelnden Netzwerkelemente verabschieden.[156] Sie gewährte unter anderem *full access* zum local loop.[157] Während *bitstream access* nie vorgeschrieben war,[158] ist *shared access* seit 2003 nicht mehr möglich.[159]

3.6.2. ULL in der EU

Der alte Regulierungsrahmen der EU umfasste keine Verpflichtung zur Gewährung entbündelten Zugangs,[160] sondern bloss eine zur Kostenentbündelung für Interkonnektion.[161] Einige Mitgliedstaaten hatten schon 1999 autonom *shared* und *full access* zum local loop eingeführt, als die EU-Kommission 2000 die Entbündelungsverordnung erarbeitete, welche diese Zugangsformen vorsieht.[162] Der neue Telekom-Rechtsrahmen der EU ermöglicht nun seit 2003 *shared* und *full access* zu Telekomnetzen allgemein.[163] Die dritte Form des ULL, *bitstream access*, ist, ohne vom Gemeinschaftsrecht vorgeschrieben zu sein, in vielen Mitgliedstaaten[164] ermöglicht worden,[165] allerdings in sehr unterschiedlicher Ausgestaltung bezüglich Diensteumfang und Zugangspunkt.[166]

---

155. vgl. NAFTEL / SPIWAK 202; SHERMAN, 80, Fn. 90; KENNEDY, 96.
156. Vgl. FCC 1999; KENNEDY, 96; OECD 2003, 18, Tabelle 1; a.a.O., 55 f.
157. vgl. NAFTEL / SPIWAK 203; KENNEDY, 96.
158. Vgl. OECD 2003, 19, 55 f.
159. Vgl. OECD 2003, 56.
160. Vgl. GEPPERT / RUHLE / SCHUSTER, 32, Rz. 60.
161. Siehe unten 7.1.1.2, S. 113 ff.
162. Vgl. GEPPERT / RUHLE / SCHUSTER, 36 f., Rz. 68.
163. Art. 8 iVm 12 der Zugangsrichtlinie.
164. Alle Staaten der EU-15 ausser Deutschland, Griechenland, Luxemburg, Finnland und das Vereinigte Königreich (ComCom 2003, 4 f.).
165. Vgl. OECD 2003, 19.
166. Vgl. CoCom 2003, 3; ERG 2004, 7 ff.

3.6.3. ULL in der Schweiz

ULL ist in der Schweiz gegenwärtig (Juli 2004) nicht eingeführt worden. Zum Zeitpunkt der FMG-Revision von 1996 war die spezifische Problematik des local loop noch unbekannt; das FMG sah daher nur eine (allerdings weit formulierte) Interkonnektionsverpflichtung vor.[167] Als *new entrants* ab 1999 eigene ADSL-Dienste anbieten wollten und dazu entbündelten Zugang zum local loop beanspruchten, begann die öffentliche Debatte zu diesem Thema erst. Eine parlamentarische Initiative, die ULL im FMG verankern wollte, wurde Ende 2000 abgelehnt,[168] hauptsächlich weil dem bevorstehenden Bundesgerichtsentscheid nicht vorgegriffen werden sollte.[169] Das Bundesgericht entschied kurz darauf in *Commcare*, dass ULL nicht unter den Interkonnektionsbegriff des FMG fällt.[170]

Beeinflusst von der Rechtsentwicklung in der EU entschied der Bundesrat 2003 nach Durchführung einer Vernehmlassung, ULL in der Schweiz auf dem Wege der Änderung der Fernmeldediensteverordnung (FDV) einzuführen.[171] Gleichzeitig legte er den Räten einen Entwurf zur Revision des FMG vor, deren Kernstück die Einführung eines allgemeinen Zugangsrechts nach EU-Vorbild ist,[172] und das die drei gängigen Formen von ULL[173] als einen Sonderfall hiervon vorsieht.[174]

Das auf Verordnungsstufe eingeführte ULL konnte bisher noch nicht umgesetzt werden, da die Gesetzmässigkeit der FDV-Änderung 2003 vor Bundesgericht umstritten ist.[175] Durch sein Eintreten auf die FMG-Revision hat der Nationalrat im Juni 2004 entgegen dem Antrag

167. Siehe oben 3.3.1, S. 22.
168. Parlamentarische Initiative Theiler Georges, Echter Wettbewerb auf der letzten Meile, Geschäftsnr. 00.413, Amtl. Bull. 2000 N 1586 ff.
169. Vgl. *Commcare*, E. 8c); ComCom 2004, 14 f.
170. Siehe unten S. 66.
171. Vgl. Botschaft 2003, 7963.
172. Vgl. Botschaft 2003, 7965, 7969.
173. Siehe unten 3.4.3, S. 32.
174. Art. 11 Abs. 1 FMG (Entwurf), BBl. 2003 8007 ff.
175. Vgl. allgemein KLEY, Express; POLEDNA, Replik. Siehe zum Verfahren unten 4.3.1.2, S. 70.

seiner Kommission (KVF) der Einführung von ULL im Gesetz grundsätzlich zugestimmt. Die KVF erarbeitete daraufhin einen Antrag, der die Zugangsformen, darunter ULL, abschliessend aufzählt und Bezügern von *bitstream access* eine Investitionspflicht auferlegt.[176] Auch wenn die Vorlage von beiden Parlamentskammern angenommen werden sollte, ist mit dem Inkrafttreten nicht vor 2006 zu rechnen.

176. Vgl. KVF 2004.

4. Das WTO-Recht und der Schweizer *local loop*: Eine erste Annäherung

In den vorigen Kapiteln wurde die Entwicklung der Telekommärkte und -technologie kurz umrissen und aufgezeigt, wieso vor dem Hintergrund der Konvergenz der Telekom- und Audiovisionsanwendungen ein wirksamer Wettbewerb nur gewährleistet werden kann, wenn *new entrants* ein entbündelter Zugang zum local loop gewährt wird. In diesem Kapitel soll dargestellt werden, welche Schnittstellen das WTO-Recht zu dieser Problematik aufweist, wie es auszulegen ist und wie sich die Schweizer Rechtsprechung und Lehre bis anhin mit der Problematik auseinandergesetzt hat.

4.1. Quellen des WTO-Telekomrechts

Das Telekommunikationsrecht der WTO ist für Uneingeweihte nicht leicht zu überblicken.[177] Seine Rechtsquellen zeichnen sich nicht nur durch unterschiedliche Regelungsschwerpunkte und Geltungsbereiche aus, sondern der im GATS gewählte Ansatz der Liberalisierung durch länderspezifische Verpflichtungen hat zur Folge, dass die Rechtslage für jedes der zurzeit 147 WTO-Mitglieder eine andere ist. Zunächst gilt es daher, die Rechtslage zu „entbündeln", indem wir uns einen Überblick darüber verschaffen, welches Recht für den Fall der Schweiz zur Anwendung gelangt.

177. Vgl. zum Folgenden sowie allgemein MATHEW.

4.1.1. Das Allgemeine Abkommen über den Handel mit Dienstleistungen (GATS)

Das GATS macht zusammen mit den WTO-Abkommen über den Warenhandel (dem GATT 1994[178]) und über handelsrelevante Aspekte des geistigen Eigentums (TRIPs) den Kern der Rechtsordnung der WTO und somit des globalen Wirtschaftsrechts überhaupt aus. Das Abkommen findet auf Massnahmen der WTO-Mitglieder, welche den Handel mit Diensten berühren, Anwendung.[179] Wie das GATT befasst es sich hauptsächlich mit der Art und dem Umfang der *Handelsbarrieren*, welche die WTO-Mitglieder beibehalten oder aufstellen dürfen, um die inländischen Anbieter vor ausländischer Konkurrenz zu schützen:

- Die Frage des *Marktzugangs* ist die Frage nach dem Umfang, in dem Ausländer überhaupt auf dem inländischen Markt präsent sein können. Im GATT kam man überein, dass Marktzugangsschranken für Waren in der Regel aus Zöllen zu bestehen haben, deren maximale Höhe für jedes einzelne WTO-Mitglied und jede einzelne Warengruppe in einem Verhandlungsprozess in einer Liste spezifischer Verpflichtungen festgehalten wird. Auch im Bereich des GATS kann jedes Mitglied durch ein „give and take" in Verhandlungen sein individuelles Mass an Marktöffnung in bestimmten Dienstleistungssektoren bestimmen. Da aber Dienste ihrer immateriellen Natur wegen in der Regel nicht einfach an der Grenze verzollt werden können, enthalten die Verpflichtungslisten die zulässigen gesetzlichen Massnahmen, welche sich die Staaten zur Regelung der ausländischen Marktpräsenz vorbehalten haben, etwa eine Beschränkung ausländischer Direktinvestitionen in bestimmten Sektoren.[180]
- Die *Meistbegünstigungsklausel* (Most Favoured Nation, MFN) hält im GATT und GATS fest, dass kein Staat – ob WTO-Mitglied oder nicht – beim Marktzugang gegenüber einem WTO-Mitglied bevorzugt werden darf, d.h. werden irgendeinem Staat Marktzugangsvor-

178. Mit „GATT 1994" wird das Abkommen in seiner heutigen Form als Teil des WTO-Acquis bezeichnet. Bis zur Gründung der WTO 1995 war das GATT als „GATT 1947" ein eigenständiges multilaterales Abkommen.
179. Vgl. Art. I:1 GATS.

teile wie tiefere Zölle (im GATT) oder höhere Investitionsschranken (im GATS) gewährt, sind diese jedem WTO-Mitglied sofort und bedingungslos auch zu gewähren.[181] Anders als im GATT können sich WTO-Mitglieder im GATS aber in Verhandlungen Ausnahmen von dieser allgemeinen Regel ausbedingen.[182]

- Die Regel der *Inländerbehandlung* (National Treatment, NT) schreibt vor, dass ausländische Anbieter, welche einmal zum Markt zugelassen worden sind, durch staatliche Massnahmen in keiner Weise schlechter gestellt werden dürfen als die inländischen Marktteilnehmer. Eine solche Schlechterbehandlung – etwa in Bezug auf Steuern oder zu erfüllende Gesetzesvorschriften – käme nämlich im Effekt wieder einer Marktzugangsschranke gleich. Im GATT gilt NT uneingeschränkt, im GATS dagegen können die WTO-Mitglieder aber wieder einzeln aushandeln, in welchen Sektoren und in welchem Umfang sie sich zu NT verpflichten.[183]

Das flexible System des GATS erlaubt den Mitgliedern, durch geschicktes Aushandeln ihrer Verpflichtungen trotz der Öffnung ihres Dienstleistungsmarkts fast beliebige nichtökonomische Politikziele

---

180. Art. XVI GATS: „With respect to market access [...], each Member shall accord services and service suppliers of any other Member treatment no less favourable than that provided for under the terms, limitations and conditions agreed and specified in its Schedule."

 Art. XVI:2 GATS konkretisiert, was Marktzugang bedeutet: Verboten sind Beschränkungen der Anzahl von Diensteanbietern (etwa durch Staatsmonopole), Beschränkungen des Umfangs, in dem die Dienstleistung erbracht werden darf, Beschränkungen der Anzahl Beschäftigter und Vorschriften über die benötigte Gesellschaftsform oder Höchstgrenzen für ausländische Beteiligungen.

181. Art. I GATT; Art. II:1 GATS: „With respect to any measure covered by this Agreement, each Member shall accord immediately and unconditionally to services and service suppliers of any other Member treatment no less favourable than that it accords to like services and service suppliers of any other country."

182. Art. II:2 GATS.

183. Art. III GATT; Art. XVII GATS: „In the sectors inscribed in its Schedule, and subject to any conditions and qualifications set out therein, each Member shall accord to services and service suppliers of any other Member, in respect of all measures affecting the supply of services, treatment no less favourable than that it accords to its own like services and service suppliers."

weiterzuverfolgen. Auch bei vollen Marktzugangs-, MFN- und NT-Verpflichtungen verbieten die allgemeinen GATS-Regeln nämlich nicht die regulatorische Ausgestaltung des inländischen Dienstleistungsmarkts nach politischem Gutdünken, etwa durch Jugendarbeitsverbote, Mindestlohnregeln, Umweltschutzregeln etc.[184] Diese Regeln dürfen bloss nicht *protektionistisch-marktverzerrend* sein, d.h. eine ausländische Marktteilnahme überhaupt verbieten, deren Umfang beschränken oder für Ausländer belastender sein als für Inländer. Und selbst diese Verbote lassen sich fast beliebig einschränken, indem Ausnahmen von den Marktzugangs- und NT-Verpflichtungen angemeldet werden, oder überhaupt keine solchen Verpflichtungen eingegangen werden.

Der Umfang der Öffnung des Dienstleistungsmarkts eines WTO-Mitglieds bestimmt sich somit vollständig durch die individuellen Verpflichtungen, die dieses Land eingegangen ist, und die es in seinen Verpflichtungslisten – den *schedules of commitments*[185] – festgehalten hat. Wir müssen uns daher als Nächstes mit den spezifischen Schweizer Verpflichtungen befassen.

4.1.2. Die spezifischen Verpflichtungen der Schweiz: Marktzugang, MFN, NT

Die WTO-Mitglieder differenzieren ihre Marktöffnungsverpflichtungen u.a. nach den vier verschiedenen Erbringungsarten („Modi"), nach denen ausländische Anbieter auf dem inländischen Markt tätig werden können:

---

184. 4. Rezitativ der Präambel zum GATS, implizit auch in Art. VI GATS, welcher Verfahrensregeln für die Anwendung der „domestic regulation" aufstellt; vgl. SENTI, Rz. 1241ff., 581f.

185. Siehe Anhang II, S. 159, für diejenigen der Schweiz; siehe WTO Documents Online, http://docsonline.wto.org, für die Schedules der anderen Mitglieder (WTO Dok. GATS/SC/* für Verpflichtungen, GATS/EL/* für MFN-Ausnahmen).

(1) Grenzüberschreitendes Angebot, Art. I:2(a) GATS: Der Dienst selbst überquert die Grenze, während der ausländische Anbieter und der inländische Kunde an Ort bleiben, etwa im Falle internationaler Telefongespräche;
(2) Konsum im Ausland, Art. I:2(b) GATS: Inländer reisen über die Grenze, um im Ausland Dienste zu beziehen, etwa im Falle des Tourismus;
(3) Kommerzielle Präsenz, Art. I:2(c) GATS: Die Dienste werden im Inland von einer hier niedergelassenen ausländischen Gesellschaft erbracht, oder aber von einer inländischen, jedoch von Ausländern kontrollierten Gesellschaft;
(4) Präsenz natürlicher Personen, Art. I:2(d) GATS: Ausländische Staatsangehörige halten sich im Inland auf, um hier – entweder freiberuflich oder im Arbeitnehmerverhältnis – für Inländer Dienste zu erbringen.

Im hier interessierenden Fall des Wettbewerbs von Telekomanbietern auf der letzten Meile werden die zur Diskussion stehenden DSL-Dienste im Modus 3 erbracht. Auf der Verpflichtungsliste der Schweiz[186] findet sich bei allen erwähnten Telekomdiensten in Bezug auf die Erbringungsarten 1–3 und sowohl unter „Limitations on Market Access" wie „Limitations on National Treatment" der Eintrag „None". Dies bedeutet, dass sich die Schweiz in Bezug auf solche Telekomdienste, die grenzüberschreitend (Modus 1), für Schweizer im Ausland (Modus 2) oder von ausländischen Unternehmen in der Schweiz (Modus 3) erbracht werden, zur *vollständigen Marktöffnung*, d.h. zu freiem Marktzugang und umfassender NT verpflichtet hat. Der Eintrag „Unbound except as indicated in Part I" für den Modus 4 weist dagegen darauf hin, dass sie sich in Bezug auf das Recht natürlicher ausländischer Personen, die sich für die Erbringung von Diensten in der Schweiz aufzuhalten, nicht verpflichtet hat. Ferner hat die Schweiz keine Ausnahmen gemäss Art. II GATT angemeldet, die sie im Telekombereich zur diskriminie-

186. WTO Dok. GATS/SC/83, GATS/SC/83/Suppl.1/Rev.1, GATS/SC/83/Suppl.2/Rev.1, GATS/SC/83/Suppl.3/Rev.1 und GATS/SC/83/Suppl.4

renden Behandlung einzelner WTO-Mitglieder – also zur Abweichung vom MFN-Grundsatz – ermächtigen würden.[187]

Zwar fallen die DSL-Dienste, die die *new entrants* erbringen wollen, unter die von der Schweiz eingegegangenen Verpflichtungen.[188] Im Schweizer Telekomrecht existieren aber keine Schranken, die Anbietern nur aufgrund ihrer Nationalität das Tätigwerden verbieten.[189] Der verpflichtungsgemässe Marktzugang ist damit *de iure* gewährleistet. Die Schweizer Gesetze sehen auch nicht vor, dass ausländische Marktteilnehmer in irgend einer Weise aufgrund ihrer Nationalität schlechter gestellt werden als Schweizer Unternehmen. Damit verstösst die Schweiz auch nicht gegen ihre NT-Verpflichtung. Schlussendlich zeichnet sich die Schweizer Marktordnung auch nicht durch die Bevorzugung der Marktteilnehmer des einen WTO-Mitglieds gegenüber denen eines anderen aus, womit auch die MFN-Verpflichtung der Schweiz erfüllt ist. Vielmehr haben alle *new entrants* gleichermassen, unabhängig davon, ob sie etwa US-amerikanisch, französisch, deutsch oder auch schweizerisch beherrscht sind, keinen entbündelten Zugang zur letzten Meile. Diese Situation basiert seit 1998 nicht mehr auf positivem Recht, nämlich der früheren öffentlich-rechtlichen Monopolstellung der damaligen Telecom PTT.[190] Sie ergibt sich faktisch aus der privatrechtlichen Stellung des *incumbent* Swisscom AG, namentlich dessen Eigentum an den Teilnehmeranschlussleitungen selbst und aus dessen Vertragsfreiheit in Bezug auf die allfällige Nutzung dieser Leitungen durch Dritte.

---

187. GATS/EL/83, GATS/EL/83/Suppl.1/Rev.1 und GATS/EL/83/Suppl.2.
188. Siehe eingehend unten S. 75 ff.
189. Die einzigen wesentlichen Marktzugangsschranken im Schweizer Recht sind die Wohnsitz- und Nationalitätserfordernisse des Gesellschaftsrechts für gewisse Leitungsgremien von Schweizer Gesellschaften. Diese Regeln sind WTO-kompatibel, da sie in der Verpflichtungsliste der Schweiz als horizontale – also für alle Sektoren geltende – Ausnahme angemeldet wurden.
190. Dies schliesst auch die Anwendung des Art. VIII GATS aus. Dieser schreibt vor, dass staatliche Monopolanbieter sich an die spezifischen Verpflichtungen ihres Staates zu halten haben; diese sind aber ohnehin, wie wir gesehen haben, nicht verletzt. Gleichwohl hat – wie wir sehen werden – die Schweiz gestützt auf den Annex on Telecommunications und das Reference Paper für gewisse Verhaltensweisen von Swisscom einzustehen.

4.1.3. De-facto-*Marktzugangsschranken im allgemeinen Recht des GATS*

Da der *incumbent* entbündelten Zugang zu seinem local loop nicht zulässt, können die *new entrants de facto* keine eigenen Breitbanddienste erbringen, da, wie dargestellt wurde, eine Replikation des Leitungsnetzes mit prohibitiven Kosten verbunden ist. Im Bereich der NT-[191] und der MFN-Regeln[192] des GATS ist eine *de-facto-Diskriminierung* ausländischer Anbieter anerkannterweise verboten. Da hier aber keine MFN- oder NT-, sondern eine Marktzugangsproblematik vorliegt, stellt sich die Frage, ob über die abschliessend formulierte Liste der verbotenen Marktzugangsschranken von Art. XVI:2 GATS hinaus auch *de-facto*-Marktzugangsschranken eine Verletzung der Marktzugangsverpflichtung von Art. XVI:2 GATS darstellen.

Dies ist unter anderem deshalb fraglich, weil die Schranke hier eine Funktion der Schweizer Eigentums- und Wettbewerbsordnung, und somit nur im weitesten Sinn ein Resultat staatlicher „Massnahmen" i.S.v. Art. XVI:2 GATS ist. Zudem enthält das WTO-Recht keine eigentlichen wettbewerbsrechtlichen Regeln: Art. XI GATS sieht bloss einen Konsultationsmechanismus bezüglich wettbewerbswidriger Verhaltensweisen Privater vor. Diese Bestimmung würde redundant, würde man Marktzugangsschranken, die sich aus dem wettbewerbswidrigen Verhalten Privater ergeben, als GATS-widrig betrachten. Damit würde man nämlich den WTO-Mitgliedern eine allgemeine Pflicht zur Verhinderung wettbewerbswidrigen privaten Verhaltens in Bezug auf die Sektoren, für die Marktzugangsverpflichtungen eingegangen wurden, aufbinden. Dieses Resultat würde weder der Rechtswirklichkeit noch der ganzen Anlage der WTO-Abkommen entsprechen.

Die Nichtgewährung von ULL ist somit in Einklang mit den Schweizer Verpflichtungen im Lichte der allgemeinen Regeln des GATS. Für den Bereich der Telekommunikationsdienste aber haben die WTO-Mitglieder ein besonderes *Wettbewerbsrecht* geschaffen. Diesem werden wir uns nun zuwenden.

---

191. Art. XVII:3 GATS.

192. Vgl. *EC–Bananas III*, Rz. 233–244.

4.1.4. *Der Annex on Telecommunications*

Das GATS verfügt über einen *Annex on Telecommunications* (AT),[193] der einen integralen Teil des Abkommens darstellt.[194] Zur Zeit des Abschlusses des GATS waren nur wenige WTO-Mitglieder bereit, sich zu einer Marktöffnung im Bereich der Basistelekomdienstleistungen zu verpflichten, da ihre internen Marktordnungen noch mehrheitlich ein Telekomregal ihrer staatlichen Monopolunternehmungen vorsahen.[195] Nichtsdestotrotz erkannte man, dass die eingegangenen Marktöffnungsverpflichtungen im Bereich derjenigen Dienstleistungssektoren, welche die WTO-Mitglieder bereits dem Markt geöffnet hatten, gefährdet sein könnten, wenn den ausländischen Dienstleistungsanbietern nicht ausreichender Zugang zu den öffentlichen Telekomnetzen zur Verfügung stehen würde. Zur Erbringung fast aller Dienstleistungen, insbesondere aber derjenigen im IT- und Finanzbereich, ist die Nutzung der modernen Telekommunikationsmittel nämlich unerlässlich.[196] So könnte beispielsweise eine ausländische Bank, welche in der Schweiz eine Tochtergesellschaft gegründet hat, nicht von der Freiheit zur Erbringung von Finanzdienstleistungen Gebrauch machen, welche ihr den Schweizer GATS-Verpflichtungen nach zukommt, wenn ihr nicht gestattet würde, ihre Computer über das öffentliche Telefonnetz mit denen des ausländischen Mutterhauses oder anderer Banken zu verbinden. Der AT stellt daher regulatorische Prinzipien auf, welche den nach Massgabe der mitgliedsspezifischen Verpflichtungen zugelassenen ausländischen Anbietern den für ihre Tätigkeit notwendigen *Zugang zu den und die Benutzung der öffentlichen Telekommunikationsnetze* garantieren.[197] Wir werden in der Folge zu prüfen haben, ob die *new entrants* für ihre Entbündelungswünsche auf dieses Zugangsrecht zurückgreifen können.

193. Reproduziert im Anhang II, S. 166.
194. Art. XXIX GATS.
195. Vgl. ROSEMAN, 85; MATHEW; 49f.
196. Vgl. MATHEW, 77; siehe auch den Abs. 1 des AT, welcher beginnt: „Recognizing the specificities of the telecommunications services sector and, in particular, its dual role as a distinct sector of economic activity and as the underlying transport means for other economic activities..."

4.1.5. Das Reference Paper

Die Teilnehmer der 1998er Verhandlungen über das 4. Protokoll zum GATS haben sich nicht auf die verstärkte Marktöffnung beschränkt, die sich dadurch ergab, dass 56 WTO-Mitglieder neue oder zusätzliche Marktöffnungsverpflichtungen im Bereich der Basistelekomdienstleistungen einreichten. Sie kamen zum Schluss, dass die Besonderheiten des traditionell stark regulierten und monopolisierten Basistelekommarkts auch nach der Schaffung von eigentlichem WTO-Wettbewerbsrecht – in der Form einer zusätzlichen spezifischen Verpflichtung der teilnehmenden WTO-Mitglieder[198] – verlangen. Hierbei handelt es sich um das *Reference Paper* (RP)[199] der Negotiating Group on Basic Telecommunications. Die zentralen Verpflichtungen dieses Referenzdokuments (das rechtlich Teil der einzelnen Schedules ist) umfassen die Pflicht zur *Verhinderung wettbewerbswidrigen Verhaltens* marktmächtiger Anbieter *(major suppliers)* und die Pflicht zur *Sicherstellung der Interkonnektion* von Telekomanbietern mit *major suppliers*. Die letztere Pflicht kommt, wie im AT, nur in dem Umfang zum Tragen, in dem spezifische Verpflichtungen bezüglich Marktzugang, MFN und NT eingegangen wurden. Wir werden zu prüfen haben, ob sich aus den Wettbewerbs- und Interkonnektionsregeln des RP eine Verpflichtung zur Entbündelung der letzten Meile ergibt.

---

197. Das von Abs. 5(a) AT vermittelte Recht von Dienstleistungsanbietern auf Zugang zu und Nutzung von öffentlichen Telekommunikationsnetzen wird in dieser Arbeit mit der Abkürzung „Zugangsrecht“ bezeichnet. Dabei handelt es streng genommen nicht um ein Recht, sondern bloss um eine Begünstigtenstellung, denn die WTO-Abkommen verpflichten und berechtigen nur die WTO-Mitglieder selbst. In einem monistischen landesrechtlichen System wie dem der Schweiz kann daraus aber ein tatsächliches, einklagbares Recht werden.
198. Diese findet sich für die Schweiz in der Spalte „Additional Commitments“ der Schweizer Verpflichtungsliste GATS/SC/83/Suppl.3/Rev.1, die auf einen Annex – das RP – verweist.
199. Siehe Anhang II, S. 171, oder http://tinyurl.com/2mufo [http://www.wto.org/english/tratop_e/serv_e/telecom_e/tel23_e.htm] für den Volltext des Reference Paper im authentischen englischen Original.

Tabelle 2 unten fasst die wesentlichen Eigenschaften der hier besprochenen Rechtsquellen zusammen:

	Spezifische Verpflichtungen	*Annex on Telecommunications*	*Reference Paper*
Gegenstand:	Umfang der Telekom-Marktöffnung für das jeweilige Mitglied (Marktzugang, MFN, NT)	Garantierter Zugang zu Telekomnetzen für alle DL-Anbieter	Interkonnektionspflicht und Grundsätze des Wettbewerbsrechts für die Basistelekomdienste
In der Anwendung beschränkt auf:	–	Umfang der Marktöffnung gemäss den spezifischen Verpflichtungen	Umfang der Marktöffnung im Bereich der Basistelekomdienste
Bindungswirkung für:	Das jeweilige WTO-Mitglied	Alle WTO-Mitglieder	Alle WTO-Mitglieder, die das RP in ihre Verpflichtungen aufgenommen haben
Begünstigte:	Alle Diensteanbieter, deren Sektor geöffnet wurde	Alle Diensteanbieter, deren Sektor geöffnet wurde	Alle Basistelekomanbieter, deren Teilsektor geöffnet wurde
Inkrafttreten:	Unterschiedlich (CH: 1998)	1995	Unterschiedlich (CH: 1998)

Tabelle 2: Telekom-Rechtsquellen der WTO im Vergleich

4.2. Die Auslegung des WTO-Rechts

4.2.1. Allgemeine Auslegungsregeln

> WTO negotiators sometimes praise the political wisdom of resorting to „constructive ambiguity" as a diplomatic means of enabling consensus on WTO rules. The limited legal task of dispute settlement findings is very different. It is to decide on the legal claims, in a particular dispute, based on the „ordinary meaning" of the WTO provisions concerned „in their context" and in light of the „object and purpose" of the agreement.[200]

> Do rely on the customary rules of interpretation of public international law. The Members of the WTO have instructed the members of the Appellate Body to do so when assisting them in their effort to ‚clarify' the provisions of the ‚covered agreements.' ... Don't bother arguing that the Appellate Body should embrace some ‚teleological' approach to interpretation that would enable the members to impose their purely personal views on the meaning of the ‚covered agreements'. They don't. They won't.[201]

Um im Folgenden die Bestimmungen des WTO-Rechts auf die vorliegende Problematik anwenden zu können, benötigen wir einen Masstab zu ihrer Auslegung, also zur Bestimmung ihrer Bedeutung im konkreten Fall. Nach ständiger Rechtsprechung der WTO-Streitbeilegungsorgane[202] findet sich dieser in Art. 31 und 32 der Wiener Vertragsrechtskonvention (VCLT).[203] Das WTO-Recht stellt den Bezug zur VCLT durch Art. 3.2 der WTO-Streitbeilegungsvereinbarung (DSU)[204] her. Diese

---

200. *Mexico–Telecommunications*, Rz. 5.3.
201. BACCHUS, 21.
202. So zuerst in *US–Reformulated Gasoline*, III.B.16–17 und namentlich auch in *Mexico–Telecommunications*, Rz. 7.14–16; vgl. WAINCYMER, 403f.; vgl. OESCH, Fn. 7 (S. 42f.) für weitere Verweise auf die Rechtsprechung. Siehe auch S. 63 unten für einen kurzen Überblick über das WTO-Verfahrensrecht.
203. Wiener Übereinkommen über das Recht der Verträge vom 23. Mai 1969, in Kraft getreten für die Schweiz am 6. Juni 1990, SR 0.111. – Authentisch ist nur der französische und der für diese Arbeit verwendete englische Text.
204. Dispute Settlement Understanding; http://www.wto.org/english/docs_e/legal_e/28-dsu.pdf; SR 0.632.20 Anhang 2.

Regel weist die Streitbeilegungsorgane an, die Bestimmungen der WTO-Abkommen in Übereinstimmung mit den gebräuchlichen Auslegungsregeln des Völkerrechts klarzustellen („clarify"). Nach Auffassung der Streitbeilegungsorgane sind Art. 31 und 32 VCLT als Völkergewohnheitsrecht auch durch die rechtsanwendenden Behörden der Mitglieder zwingend anzuwenden, wenn WTO-Recht auszulegen ist, unabhängig davon, ob sie der VCLT beigetreten sind oder nicht.[205] In der Schweiz, die Mitglied der VCLT ist, dienen Art. 31 und 32 VCLT denn auch dem Schweizer Bundesgericht als Masstab zur Auslegung von Staatsverträgen.[206]

In der Auslegung der WTO-Abkommen nach der VCLT legen die Streitbeilegungsorgane das Schwergewicht auf die „gewöhnliche Bedeutung der Begriffe" und messen Kontext, Gegenstand und Zweck des Vertrags und den Sekundärmaterialien vergleichsweise geringen Wert zu.[207] Für sie ausschlaggebend ist hierbei auch Art. 3.2 DSU, welcher festhält, dass die Entscheidungen der Streitbeilegungsorgane nichts an der Substanz der Verpflichtungen der WTO-Mitglieder, wie sie in den Abkommen verkörpert sind, zu ändern vermögen.[208]

Der wesentlichste Unterschied zwischen den so gehandhabten Auslegungsregeln der VCLT und den des Schweizer Rechts, die sich im Wesentlichen auf Art. 1 ZGB stützen, ist der *Vorrang des Wortlautes* als entscheidendes Auslegungsmerkmal. In seiner gewöhnlichen (Art. 31 Abs. 1 VCLT) oder einer besonderen Bedeutung (Abs. 4) manifestiert sich der gesuchte, objektiv feststellbare gemeinsame Vertragswille der Parteien.[209] Systematische, teleologische und historische Aspek-

---

205. Vgl. OESCH, 42f.
206. BGE 117 V 268, E. 3a, S. 268ff., mit weiteren Verweisen.
207. Vgl. STEINBERG, 261. Dies lässt sich auch an der häufigen Bezugnahme auf Wörterbuchdefinitionen ablesen (vgl. OESCH, 45, Fn. 20). In Fragen mit Berührungspunkten zu wichtigen handelsnahen Politikbereichen scheint der Appellate Body dagegen eher bereit zu sein, einen breiteren Kontext massgeblich einzubeziehen, der z.B. auch sachbezogene multilaterale Abkommen einschliesst; vgl. z.B. *US–Shrimp*, Rz. 130ff.
208. Art. 3.2 DSU: „... Recommendations and rulings of the DSB cannot add to or diminish the rights and obligations provided in the covered agreements. ..."
209. Vgl. *EC–LAN*, Rz. 84ff.

te treten durch die enge Begrenzung des zu berücksichtigenden Vertragskontexts auf die direkt im Zusammenhang mit dem Vertragsabschluss entstandenen völkerrechtlichen Instrumente in den Hintergrund.[210] Sie lassen sich als unterstützende Auslegungsmittel i.S.v. Art. 32 VCLT allenfalls zur Bestätigung des aus dem Wortlaut gewonnenen Sinns heranziehen (der aber immerhin im Lichte des Gegenstands und Zwecks des gesamten Vertrags zu gewinnen ist).[211]

Dieser textualistische und somit unflexible Ansatz, welcher – stärker noch sogar vor Inkrafttreten der VCLT[212] – grundsätzlich auch die Auslegung von Staatsverträgen durch das Bundesgericht charakterisiert,[213] dient vor allem der Vermeidung von Auslegungsdifferenzen zwischen den rechtsanwendenden Behörden der Mitglieder, somit der Schaffung von Rechtssicherheit und der Förderung der effektiven Rechtsdurchsetzung im Sinne von *pacta sunt servanda*.[214] Ein flexiblerer, etwa stärker am Zweck der Verträge ausgerichteter Ansatz würde im nicht verfassungsmässig integrierten, vertraglichen Rechtssystem der WTO zu Rechtszersplitterung führen, die delikate politische Balance der Abkommen zu zerstören drohen[215] und zu sinkender Akzeptanz des WTO-Rechts infolge steigender Souveränitätsbedenken in den Mitgliedern führen, insbesondere da der oft dysfunktional erscheinende WTO-Gesetzgeber aufgrund des stets erforderlichen Konsenses der Mitglieder Schwierigkeiten hat, angemessen auf eine judizielle Rechtsentwicklung zu reagieren.[216]

Dieser Umstand mag rechtspolitisch zu bedauern sein, da die strenge Bindung an den Wortlaut die WTO-Streitbeilegungsorgane gelegentlich davon abhält, legitime nationale Politikziele im Rahmen einer

---

210. Vgl. LENNARD, 21, 28.
211. Siehe auch 6.4.2, S. 104 f.
212. Siehe die diesbezügliche Präzisierung der Rechtsprechung in BGE 117 V 268 (Fn. 206 oben).
213. BGE 97 I 359, E. 3, S. 363; BGE 116 Ib 217, E. 3a, S. 221 mit weiteren Verweisen.
214. Vgl. OESCH, 45; EHLERMANN, Rz. 42ff.
215. Vgl. STEINBERG, 259.
216. Vgl. OESCH, 45, Fn. 25. Zu diesem Problem der „legislative response" vgl. allgemein COTTIER/TAKENOSHITA.

Interessenabwägung den hauptsächlich ökonomischen Interessen, die das WTO-Recht schützen will, gegenüberzustellen. Dies erscheint vielen um so mehr geboten, als gerade durch das GATS das WTO-Recht – wie nicht zuletzt diese Arbeit zeigt – bedeutende Auswirkungen für die internen Marktordnungen der WTO-Mitglieder haben kann, und die Ausnahmetatbestände der Art. XX GATT bzw. XIV GATS nicht immer die ganze Vielfalt legitimer Interessen widerspiegeln, die ein Abweichen von Freihandelsgrundsätzen rechtfertigen können.[217] *De lege lata* kann dieses Spannungsverhältnis aber, wie die oben dargestellte Rechtslage zeigt, nicht auf judiziellem Wege gelöst werden. Vielmehr obliegt es im System des GATS den WTO-Mitgliedern, bereits beim Eingehen ihrer Verpflichtungen – was im GATS ja äusserst differenziert möglich ist – die besonderen Politikziele, die sie berücksichtigt haben wollen, zu beachten. All dies veranlasst uns, bei der Untersuchung des WTO-Telekomrechts am Auslegungsansatz festzuhalten, wie er durch die Rechtsprechung des Appellate Body entwickelt wurde.

---

217. GRABER (Audiovisionsrecht, 289) illustriert die Problematik in seiner Behandlung des Falls *Canada–Periodicals*, in dem der Appellate Body festhielt, dass Kanada durch Massnahmen, die den Import US-amerikanischer Magazine behinderten, gegen die Regeln des GATT 1994 verstossen hat. GRABER stellt fest: „Obwohl Kanada im Verfahren wiederholt betonte, dass diese Massnahmen dazu notwendig seien, seine kulturelle Identität und die kulturelle Vielfalt im Lande zu erhalten, gingen die WTO-Streitbeilegungsbehörden mit keinem Wort auf kulturelle Argumente ein, sondern beurteilten die Angelegenheit ausschliesslich unter dem Gesichtspunkt von ökonomischen Kriterien."

Zu erwähnen bleibt, dass die Streitbeilegungsorgane nicht „ökonomische Kriterien" *per se* angewendet haben, sondern juristische. Sie kamen zu ihrem Resultat durch die Auslegung und Anwendung der GATT-Normen, welche ihrerseits zum Schutz der ökonomischen Interessen von ausländischen Anbietern und inländischen Konsumenten erlassen worden waren. Hätten sie Kanadas Massnahmen unter Berücksichtigung kultureller Argumente geschützt, obwohl das GATT keinen derartigen Ausnahmetatbestand kennt, hätten sie gegen Art. 3.2 DSU verstossen. Sie hätten verbotenerweise durch die richterliche Einführung eines neuen Ausnahmetatbestands die Balance von Rechten und Verpflichtungen, wie sie aus den Abkommenstexten hervorgeht, verändert.

4.2.2. *Die Auslegung des WTO-Telekommunikationsrechts im Lichte von* Mexico–Telecommunications

Das DSU regelt das Verfahren für den Fall, dass ein WTO-Mitglied der Auffassung ist, ein anderes WTO-Mitglied habe gegen Bestimmungen der WTO-Verträge verstossen. Führen bilaterale Konsultationen nicht zur Beilegung des Streits, kann das klagende Mitglied – parteifähig sind nur die Staaten selbst, nicht Private – die Einsetzung eines Schiedsgerichts (Panel)[218] aus drei unabhängigen Experten verlangen,[219] welches die vorgebrachten Rügen prüft und in einem Urteil festhält, ob ein Verstoss gegen die WTO-Verträge vorliegt.[220] Beide Parteien können binnen 60 Tagen nach Urteilseröffnung bei der ständigen Appellationsinstanz (Appellate Body) Rekurs führen.[221] Der Entscheid des Panel (oder im Rekursfalle des Appellate Body) wird nur dann nicht rechtskräftig, wenn Konsens unter den als Streitbeilegungsrat (Dispute Settlement Body, DSB) tagenden WTO-Mitgliedern, inklusive der obsiegenden Partei, besteht, ihn nicht anzunehmen.[222] Gestützt auf einen rechtskräftigen Entscheid kann die Klägerin sodann, sollte die Beklagte den rechtswidrigen Zustand nicht beheben, in einem weiteren Verfahren das Recht erlangen, Strafzölle auf Einfuhren aus der Beklagten erheben zu dürfen.[223]

Das WTO-Recht kennt kein formelles Prinzip des *stare decisis*; rechtskräftige Entscheide der Streitbeilegungsorgane sind daher – wie nationale höchstrichterliche Entscheidungen in *Civil Law*-Ländern auch

---

218. Die Nomenklatur des DSU – „Panel“ bzw. „Ausschuss“ statt „Schiedsgericht“, „report“ bzw. „Bericht“ statt „Urteil“ etc. – zeigt den Ursprung der Verfahren in den eher unverbindlich-diplomatischen Prozeduren des GATT 1947 auf. Von seinem Wesen her – Unabhängigkeit der Richter, Justizförmigkeit des Verfahrens, Verbindlichkeit und Durchsetzbarkeit der Urteile – ist das Verfahren vor den Streitbeilegungsorganen der WTO aber ohne Zweifel ein *gerichtliches Verfahren.*
219. Art. 5 Abs. 4 DSU.
220. Art. 11 DSU.
221. Art. 16 Abs. 4 DSU.
222. a.a.O.
223. Art. 22 Abs. 2 DSU.

– nur zwischen den Parteien bindend. Da die Streitbeilegungsorgane frühere Entscheide aber streng beachten und nur aus zwingenden Gründen von ihrer früheren Rechtsprechung abweichen, kommt ihnen bei der Auslegung des WTO-Rechts faktisch sehr grosse Bedeutung zu.[224]

In diesen Zusammenhang ist das Urteil zu stellen, das ein WTO-Panel am 2. April 2004 in der Sache *Mexico–Measures affecting telecommunications services* gefällt hat.[225] Die USA hatten Mexiko eingeklagt, weil das mexikanische Recht dem Telefondiensteanbieter und ehemaligen Staatsmonopolisten Telmex das Recht einräumte, die Gebühren für alle internationalen Telefonanrufe aller Anbieter nach und aus Mexiko auszuhandeln. Wegen der Besonderheiten des Abrechnungsverfahrens für internationale Telefongespräche[226] wurden dadurch nach US-Angaben US-Telefondiensteanbieter und -konsumenten von 2000 bis 2003 durch überhöhte Preise im Umfang von über einer Milliarde Dollar geschädigt.[227]

Das Panel musste sich in diesem Fall erstmals mit der Auslegung des WTO-Telekommunikationsrechts befassen. In seinem Urteil kam es zum Schluss, dass Mexiko seine Verpflichtungen nach den WTO-Verträgen verletzt hat, indem es

- entgegen Abs. 5(a) und 5(b) AT nicht sichergestellt hat, dass gewisse US-Telekomanbieter zu vernünftigen Bedingungen Zugang zu und Nutzungsrechte an öffentlichen Telekomnetzwerken haben,
- entgegen Abs. 2.2(b) des RP nicht sichergestellt hat, dass Telmex gewissen US-Telekomanbietern kostenorientierte Interkonnektion gewährt, und
- entgegen Abs. 1.1 des RP wettbewerbswidrige Praktiken von Telmex, nämlich Preisabsprachen mit anderen Anbietern, nicht verhindert hat, indem es solche Absprachen sogar gesetzlich vorschreibt.

Nachdem Mexiko in Reaktion auf das Urteil den USA zugesichert hat, sein Recht entsprechend zu ändern,[228] ist das Urteil mit der Annahme

224. Vgl. WAINCYMER 510, 515; COTTIER/OESCH, Precedents, 28–29.
225. WTO Dok. WT/DS204/R.
226. Vgl. KENNEDY, 204 f.
227. Vgl. USTR 2004a
228. Vgl. USTR 2004b

durch den DSB am 1. Juni 2004 in Rechtskraft erwachsen. Wir werden es mit berücksichtigen müssen, wenn wir uns nun mit der Frage befassen, ob die WTO-Verträge die Entbündelung der letzten Meile in der Schweiz verlangen.

4.3. Lehre und Rechtsprechung

Die Lehre und Rechtsprechung hat sich bisher nur wenig mit der Auslegung des WTO-Rechts in Zusammenhang mit der Entbündelung des local loop befasst. In der internationalen Literatur wird diese spezifische Problematik kaum thematisiert. Dass mag damit zusammenhängen, dass die meisten anderen WTO-Mitglieder, die entsprechende Verpflichtungen eingegangen sind – insbesondere die Unterzeichner des Reference Paper – die letzte Meile bereits weitgehend entbündelt haben. Die WTO-Streitbeilegungsorgane mussten sich denn auch noch nicht mit dieser Frage befassen.

In der Schweiz, wo ULL bis anhin noch nicht verwirklicht wurde, hat eine intensivere Auseinandersetzung mit der Problematik stattgefunden. Der Stand der Diskussion soll in der Folge kurz dargestellt werden.

4.3.1. Die Schweizer Rechtsprechung

4.3.1.1. Das Commcare-*Urteil*

Da das Schweizer FMG den entbündelten Zugang zum local loop nicht explizit vorsieht, stellte sich bald einmal die Frage, ob ULL unter den allgemeinen Interkonnektionstatbestand von Art. 11 Abs. 1 FMG fällt, und ob gegebenenfalls das Recht der WTO einen entsprechenden Anspruch verschaffen kann. 1998 stellte der *new entrant* Commcare AG bei der ComCom einen Interkonnektionsantrag in Bezug auf Mietleitungen[229] sowie Kupfer- und Glasfaserkabel von Swisscom. Die ComCom gewährte die Interkonnektion in Bezug auf Mietleitungen, nicht aber in Bezug auf Übertragungsmedien.[230] Commcare und Swisscom fochten den Entscheid[231] vor Bundesgericht an, welches Swisscom Recht gab und die Verwirklichung von ULL über die Interkonnektionsnorm des FMG ablehnte.

In seinem unpublizierten Entscheid vom 3. Oktober 2001 argumentierte das Bundesgericht im Wesentlichen, dass Interkonnektion im Sinne von Art. 3 FMG und konkretisiert durch Art. 32 Abs. 1 der damaligen FDV nur vorliege, wenn „die Verbindung der Anlagen und damit Netze mehrerer Fernmeldediensteanbieter zwecks Verbindung wiederum der Dienste derselben oder unter Inanspruchnahme eines Dienstes des anderen Anbieters verfolgt“ werde, was beim „ausschliessliche[n] Gebrauch physischer Übertragungsmedien ohne Inanspruchnahme eines Dienstes“ des *incumbent*, also bei ULL, nicht der Fall sei.[232]

Das Bundesgericht kam in einer „ganzheitlichen Betrachtungsweise“ auch zum Schluss, dass die rechtsetzenden Behörden „der Swisscom AG gewisse Vorteile der ehemaligen Monopolistin“ als Ausgleich für deren entschädigungslose Grundversorgungspflicht belassen woll-

229. Mietleitungen sind laut Art. 1 Bst. b FDV definiert als „die Bereitstellung von transparenten Übertragungskapazitäten über Punkt-zu-Punkt-Verbindungen“ (in der damaligen Fassung der FDV noch unter Verweis auf das EU-Recht, vgl. *ComCom 2000* 1.2.2, 3).

230. Was Commcare genau verlangt hat, bleibt unklar: Der ComCom zufolge verlangte sie „mit Verweis auf das [Mietleitungsangebot von Swisscom], dass mittels des Übertragungsmediums ... zwei Netzabschlusspunkte (NTP) des Kunden im Anschlussnetz über die Anschlusszentrale [von Swisscom] miteinander verbunden werden sollen“ (*ComCom 2000* 1.2.4.4, 5). Die ComCom kam daher zum Schluss, dieses von ihr abgelehnte Begehren stelle *keinen* Fall von ULL dar, da Commcare bloss den Wiederverkauf von Swisscom-Diensten verlangte, ohne eigene Geräte am local loop betreiben zu wollen (vgl. *ComCom 2000* 1.3.2, 10). Nichtsdestotrotz ging das Bundesgericht offenbar unwidersprochen davon aus, es habe über die Frage des ULL zu entscheiden (vgl. *Commcare*, E. 4b)), ohne den auch für es unklaren Sachverhalt näher untersuchen zu wollen (vgl. *Commcare*, E. 3c)).

231. ComCom 2000.

232. *Commcare* E. 5c).

ten[233] (die allerdings, was unerwähnt blieb, nur bis 2003 galt),[234] und dass ULL den Infrastrukturwettbewerb behindern würde.[235] Diese enge Auslegung des FMG ist in der Lehre kritisiert worden, da sie das Liberalisierungsziel des FMG ausser acht lasse und geprägt sei vom „Bemühen, die Entbündelung global und recht undifferenziert aus dem Anwendungsbereich des Fernmeldegesetzes zu verbannen, dies mit der Folge, dass ... die Entwicklung innovativer Dienste dem ‚letzte Meile'-Monopolisten anvertraut bleiben."[236]

Interessant für die Zwecke dieser Untersuchung sind die leider sehr oberflächlichen Ausführungen zum WTO-Recht. Das Bundesgericht stellt zunächst richtig fest, dass sich der Marktzugang nach GATS nach den eingegangenen Verpflichtungen der Schweiz bestimmt,[237] was „im Bereich der Telekommunikation" bedeute, dass der Marktzugang gewährleistet sei. Anstatt aber zu prüfen, was „Marktzugang" in diesem Zusammenhang nach den Bestimmungen des GATS genau bedeutet, hält es fest:

> Die Commcare AG wird indessen nicht vom Markt ausgeschlossen; sie bleibt frei im Entscheid, die Mietleitungen der Swisscom AG zu mieten – ein entsprechendes Angebot besteht grundsätzlich – oder ein eigenes Netz aufzubauen. Der Zugang zu Mietleitungen wird in Ziff. 5 lit. b ii) des Anhangs über Telekommunikation zum GATS-Abkommen überdies ausdrücklich erwähnt..., allerdings nur in dem Sinne, dass Mietleitungen mit dem öffentlichen Netz verbunden werden dürfen...
>
> Es kann hier offen bleiben, ob das Netz der Swisscom AG ein öffentliches Netz im Sinne des GATS-Abkommens darstellt (wofür immerhin Einiges

233. *Commcare* E. 7d).
234. Siehe oben 3.5.6, S. 44.
235. Vgl. *Commcare* E. 7d).
236. POLEDNA, Stolpersteine, 332.
237. Die Verpflichtungslisten einzelner WTO-Mitglieder werden der Einfachkeit halber in der Prüfung WTO-rechtlicher Fragen oft wie eine selbstständige Rechtsquelle behandelt. Spezifische Verpflichtungen sind jedoch nicht selbstständige völkerrechtliche Instrumente, sondern wirken rechtlich durch Art. XVI bis XVII GATS, denen sie einen für das jeweilige Mitglied spezifischen Gehalt verleihen. Eine Ausnahme hiervon sind die „additional commitments" nach Art. XVIII GATS, die, wie das Reference Paper, Verpflichtungen begründen, die über die Festlegung des Umfangs von Marktzugang und NT hinausgehen.

spricht); die Commcare AG verlangt ja nicht oder jedenfalls nicht ausschliesslich eine Verbindung zum Netz der Swisscom AG, sondern sie möchte deren Netz weitergehend für sich selber benutzen. Dafür, dass dieses Anliegen vom GATS-Abkommen gedeckt ist, gibt es keine eindeutigen Anhaltspunkte. Im Übrigen besteht ein entsprechendes Angebot der Swisscom AG jedenfalls bei den Mietleitungen. Nicht garantiert ist der Marktzugang hingegen bei den Übertragungsmedien, wovon im GATS-Abkommen aber überhaupt nicht die Rede ist. [...]

> [Die Frage der direkten Anwendbarkeit und der Zulässigkeit der Inländerdiskriminierung] kann aber dahingestellt bleiben, denn den Ausschlag gibt bereits, dass dem GATS-Abkommen und den für die Schweiz verbindlichen Verpflichtungslisten..., selbst wenn das GATS-Recht direkt anwendbar wäre, jedenfalls im Hinblick auf Mietleitungen und Übertragungsmedien weder ein subjektives Recht auf Entbündelung noch auf Interkonnektion im von der Commcare AG beantragten Sinne entnommen werden kann. Insofern bleibt das GATS-Recht so oder so zu vage...[238]

Das Bundesgericht übersieht, dass das GATS Marktzugang nicht in Hinblick auf Übermittlungsmedien oder andere Infrastrukturelemente garantiert, sondern in Hinblick auf die Erbringung von *Dienstleistungen.*[239] Diese Erbringung kann aber den Zugang zu und die Nutzung von solchen Infrastrukturelementen bedingen, weshalb Abs. 5(a) des Annex on Telecommunications ein entsprechendes Zugangsrecht vorsieht. Das Bundesgericht hätte daher prüfen müssen, ob die Erbringung der Telekomdienste der Commcare AG ein solches Zugangsrecht voraussetzt, und ob sich dieses Recht auch auf die fraglichen Infrastrukturelemente erstreckt.

Entgangen ist dem Bundesgericht auch die Existenz eines Reference Paper, das Teil der Schweizer GATS-Verpflichtungen ist, und dessen Abs. 2.2(b) die Schweiz verpflichtet, Telekomanbietern Interkonnektion zu ausreichend entbündelten Kosten zu garantieren. Daher hätte das Bundesgericht zu prüfen gehabt, ob dies den entbündelten Zugang zu Übertragungsmedien beinhaltet. Schlussendlich ist dem Bundesgericht Abs. 1 des Reference Paper, wonach die Schweiz verpflichtet ist, wettbewerbswidrige Praktiken marktbeherrschender Telekomanbieter zu verhindern, keine Zeile wert.

238. *Commcare* E. 9c) (gekürzt um die Verweise).
239. Art. XVI GATS.

Nachdem das Bundesgericht im nächsten Satz zur historischen Auslegung des FMG und der FDV zurückkehrt und festhält, die rechtsetzenden Behörden seien nicht von dem Bestehen einer WTO-rechtlichen Entbündelungspflicht ausgegangen, fährt es fort:

> Hinzu kommt, dass die Schweiz im Jahre 1998 ihre Verpflichtungsliste an das Fernmeldegesetz angepasst hat, was wiederum – im umgekehrten Sinne – dafür spricht, dass die Liste nicht weitergehende Ansprüche vermittelt als die damals bestehende und heute noch gültige nationale Ordnung...[240]

Die Marktzugangsverpflichtungen, die die Schweiz im 4. Protokoll zum GATS einging, waren tatsächlich insofern an das FMG angepasst, als die FMG-Revision 1996 durch die Aufhebung des PTT-Fernmelderegals ihr Eingehen praktisch erst ermöglichte.[241] Daraus kann nun aber nicht geschlossen werden, dass die Verpflichtungen in ihrem Gehalt durch die Bestimmungen des FMG beschränkt sind oder dass sie wegen dem im FMG fehlenden ULL im Schweizer Recht eingeschränkt anwendbar sind. Eine solche Auslegung würde gegen das im WTO- und Schweizer Recht anerkannte Prinzip des Vorrangs des Völkerrechts[242] verstossen. Ein bewusster Verstoss gegen das Völkerrecht durch den Gesetzgeber im Sinne der Schubert-Praxis[243] kann nicht geltend gemacht werden, weil sich der Gesetzgeber dem Gericht zufolge eines möglichen Konflikts mit dem WTO-Recht eben gerade nicht bewusst war.

Insgesamt sind die Ausführungen des Bundesgerichts in *Commcare* zur Frage, of die Schweiz von Völkerrechts wegen zur Entbündelung der letzten Meile verpflichtet ist, nur sehr wenig differenziert, so dass ihnen in Ermangelung einer eigentlichen Auseinandersetzung mit dem

240. *Commcare* E. 9c) (gekürzt um den Verweis).
241. Vgl. *ComCom 2004*, 38, siehe auch unten 5.2, S. 76.
242. Art. 5 Abs. 4 BV, Art. 27 VCLT; BGE 97 I 372, 375 und seither in ständiger Praxis (vgl. KÄLIN 99, BGE 125 II 417, 424 mit weiteren Verweisen); vgl. ACHERMANN, 40. – Durchaus konsistent wäre dagegen die Argumentation gewesen, das WTO-Recht sei gestützt auf die Kriterien, die das Bundesgericht in gefestigter Rechtsprechung hierfür aufgestellt hat, nicht *direkt* anwendbar; diese Frage wollte das Bundesgericht aber explizit offenlassen.
243. Vgl. BGE 99 Ib 39.

WTO-Recht selbst höchstens der Status eines *obiter dictum* zuzugestehen ist.

4.3.1.2. Das Entbündelungsverfahren 2003

Nach Inkrafttreten der FDV 2003 verlangte ein *new entrant*, TDC Switzerland AG, unter Berufung auf die neue Rechtslage und auf das WTO-Recht von der ComCom, Swisscom sei zur Bereitstellung des *full access* und des *shared access* zum local loop zu verpflichten. Mit Verfügung vom 19. Februar 2004[244] gab die ComCom diesem Begehren statt. Swisscom focht diesen Entscheid an; sie hatte bereits im Vorfeld der FDV-Revision verlauten lassen, dass ihrer Meinung nach die gesetzliche Grundlage der FDV 2003 ungenügend sei. Das Verfahren ist zurzeit (Juli 2004) vor Bundesgericht hängig.

Hier ist wiederum nur der WTO-rechtliche Aspekt von Interesse. In ihrer Verfügung gibt die ComCom Abs. 2.2 RP wieder und schliesst daraus:

> Die Zusammenschaltung muss an jedem technisch durchführbaren Punkt im Netz sichergestellt werden, also auch im Anschlussnetz. Die Entbündelungspflicht der letzten Meile ist somit in dieser Verpflichtungsliste enthalten.
>
> Schliesslich sind nach der Zielsetzung des „Annex on Telecommunications" die Zugangsmöglichkeiten für konkurrierende Wettbewerber möglichst weitgehend zu schaffen, um dem Wettbewerb zum Durchbruch zu verhelfen. Im Hinblick auf die Zielsetzungen des GATS-Übereinkommens (Abbau der Marktzutrittsbarrieren, diskriminierungsfreier Zugang und Nutzung der öffentlichen Telekommunikationsnetze) ist auch die Entbündelung der letzten Meile als Gegenstand von Ziff. 2 der Verpflichtungsliste zu betrachten...
>
> Auch die völkerrechtskonforme Auslegung des Fernmelderechts gebietet die Einbeziehung des gemeinsamen Zugangs und des vollständig entbündelten Zugangs ins Interkonnektionsregime.[245]

Darüber hinaus hält die ComCom fest, dass die so gefundene WTO-rechtliche Verpflichtung auch eine eigene Rechtsgrundlage zur Gewährung von ULL darstellt.[246] Nach ständiger Rechtsprechung des Bundes-

---

244. *ComCom 2004.*
245. *ComCom 2004*, 1.7, 24–25 (gekürzt um die Verweise).

gerichts ist die direkte Anwendbarkeit von Völkerrecht möglich, wenn „die Bestimmung inhaltlich hinreichend bestimmt und klar ist, um im Einzelfall Grundlage eines Entscheides zu bilden; die Norm muss mithin justiziabel sein, die Rechte und Pflichten des Einzelnen zum Inhalt haben, und Adressat der Norm müssen die rechtsanwendenden Behörden sein".[247] Diese Bedingung der Justiziabilität sieht die ComCom durch den Detaillierungsgrad der Interkonnektionsregeln des Abs. 2.2 RP erfüllt.[248]

Die Ausführungen der ComCom zur direkten Anwendbarkeit des WTO-Rechts vermögen grundsätzlich zu überzeugen.[249] Eine Anwendung des WTO-Rechts steht aber erst zur Diskussion, wenn dieses *lege artis* ausgelegt wurde, um seinen Gehalt im Einzelfall (hier der Frage von ULL) klarzustellen. Daran lässt es die ComCom ermangeln, wenn auch nicht so vollständig wie das Bundesgericht in *Commcare*. Insbesondere kann die ComCom nicht aus der Verpflichtung zur Interkonnektion an jedem Punkt im Netz eine Entbündelungsverpflichtung ableiten, ohne sich zuerst mit dem Begriff der Interkonnektion im Sinne des RP auseinandergesetzt zu haben; wie wir sehen werden, ist dieser vom Interkonnektionsbegriff des FMG, wie die ComCom ihn auslegt, durchaus verschieden. Vor dem Hintergrund der völkerrechtlichen Auslegungsregeln[250] reicht es zur Begründung der Entbündelungspflicht auch nicht aus, bloss auf die „Zielsetzung" des AT und des RP zu verweisen; diese müssen vielmehr gestützt auf ihren Wortlaut ausgelegt werden. Schlussendlich fehlt auch hier die Auseinandersetzung mit den wettbewerbsrechtlichen Regeln des Abs. 1 RP.

246. *ComCom 2004*, 36 ff.
247. BGE 124 III 90, 91, E. 3a).
248. *ComCom 2004*, 37.
249. Siehe allgemein zur Problematik der direkten Anwendbarkeit des WTO-Rechts ENGELBERGER; COTTIER/OESCH, Anwendbarkeit; WÜGER.
250. Siehe oben Kapitel 4.2, S. 59 ff.

4.3.2. *Die Schweizer Literatur*

Die Schweizer Lehre hat sich im Anschluss an das *Commcare*-Urteil verschiedentlich mit dem Thema befasst. Dabei wird das Vorliegen einer völkerrechtlichen Entbündelungspflicht an sich durchwegs positiv beurteilt.[251] Die Diskussion dreht sich aber zur Hauptsache um die Frage der Anwendbarkeit im Landesrecht; die inhaltliche Auseinandersetzung mit dem WTO-Recht beschränkt sich, wie bei der ComCom, auf einen allgemeinen Verweis auf Abs. 2.2 RP[252] oder die Zielsetzung des AT.[253]

Der bisher letzte Diskussionsbeitrag in dieser Sache stammt vom Bundesrat. Im Juni 2004 unterstrich dieser auf die parlamentarische Anfrage hin, ob das RP die Schweiz zu ULL verpflichte,[254] dass er im Landesrecht an der Einführung von ULL festhalte, führte jedoch auch aus, dass:

> das Referenzpapier eine Bestimmung im Bereich der Interkonnektion enthält. Nach dem Wortlaut des Referenzpapiers wird die Interkonnektion als Verbindung zwischen Anbietern verstanden, welche den Kunden eines Anbieters ermöglicht, mit den Kunden eines anderen Anbieters zu kommunizieren. Diese Bestimmung wurde in einem Verhandlungsumfeld verfasst, welches Länder der gesamten Welt umfasste, deren interne Definitionen der Interkonnektion unterschiedlich waren, und welche, von einigen Ausnahmen abgesehen, keine internen gesetzgeberischen Arbeiten zur Einführung der Entbündelung der letzten Meile im Sinne der Abtretung einer Linie (und des Kunden) eines Anbieters an einen anderen an die Hand genommen hatten.
>
> Weder aus den spezifischen Verpflichtungen noch aus dem Referenzpapier des Gats kann eine völkerrechtliche Verpflichtung der Schweiz zur Entbündelung der letzten Meile abgeleitet werden. [...]
>
> [Es] ist zu unterstreichen, dass der damals auf multilateraler Ebene ausgehandelte Text eine Sache ist. Es ist insbesondere hervorzuheben, dass es sich beim

---

251. Vgl. GRABER; KLEY, WTO, 509 (allerdings die direkte Anwendbarkeit ablehnend); POLEDNA, Stolpersteine; V. ZEDTWITZ; wohl auch WEBER, Entbündelung, 339.
252. Vgl. GRABER (Lost Highway, 238); KLEY, WTO, 509.
253. Vgl. WEBER, (Entbündelung, 339).
254. Interpellationen 04.3101 (Nationalrat Germanier) und 04.3137 (Ständerat Béguelin).

> Gats um ein Abkommen über den Handel handelt, welches ermöglicht, Zutrittsgarantien für Drittmärkte zu erhalten. Eine andere Sache ist die nationale Politik zum Wettbewerb im Telekommunikationssektor.[255]

Bei der nun folgenden detaillierten Auseinandersetzung mit dem WTO-Telekomrecht werden wir die bundesrätlichen Argumente zur Auslegung des Interkonnektionsbegriffs des RP mit zu berücksichtigen haben. Wie zu zeigen sein wird, ist die Auffassung, das RP berühre die nationale Wettbewerbspolitik nicht, in Anbetracht der Regeln des Abs. 1 RP allerdings nicht haltbar.

255. BR, Interpellationsantwort.

5. Breitbanddienste im Schweizer Schedule

5.1. Ausgangslage

Wie eingangs erwähnt, untersucht diese Arbeit das Gebotensein von ULL nach WTO-Recht nur in Bezug auf Breitbanddienste. Zur weiteren Auslegung des WTO-Telekomrechts ist es von wesentlicher Bedeutung, ob diese Breitbanddienste, namentlich die xDSL-Dienste, von den spezifischen Schweizer Verpflichtungen umfasst sind.

Die Schweizer Literatur und Rechtsprechung sind bei der Behandlung der ULL-Frage jeweils implizit und wohl zu Recht davon ausgegangen, dass die von den *new entrants* angebotenen Dienste von den Schweizer Verpflichtungen abgedeckt sind.[256] Dennoch lohnt sich eine genauere Betrachtung der Frage angesichts des Umstands, dass die Verpflichtungslisten Positivlisten sind: In Bezug auf Dienste, die gar nicht im Schedule aufgeführt sind, existieren keine Verpflichtungen.[257]

Dies wird im schnellebigen Telekombereich zusehends zu einem Problem: Je mehr die Systematik der Schedules und das tatsächliche Dienstleistungsangebot auseinanderklaffen, desto öfter ist der Rechtsanwender genötigt, entweder neue Dienste mehr oder weniger elegant in die existierenden Kategorien zu zwängen, oder den Anbietern, da ihre Dienste nicht ins Schema passen, den Marktzugang zu verweigern. Diese Situation schafft Rechtsunsicherheit und bietet sich geradezu an für willkürliche Entscheidungen nationaler rechtsanwendender Behörden. Solange die Schedules allerdings nicht revidiert sind, bleiben sie wohl oder übel die Grundlage der Rechtsanwendung.

---

256. In *Commcare*, E. 9c), z.B. hält das Bundesgericht nur lakonisch fest: „Immerhin ist im Bereich der Telekommunikation der freie Marktzugang gewährleistet.“
257. Vgl. SENTI, 589, Rz. 1259.

5.2. Die Systematik der Schweizer Verpflichtungen

Die Liste der spezifischen Verpflichtungen der Schweiz[258] nach Art. XVI-XVIII GATS (der „Schedule“) besteht rechtlich aus dem WTO Dok. GATS/SC/83 und dessen Ergänzungen („supplements“) GATS/SC/83/Suppl.1 bis GATS/SC/83/Suppl.4. Der Schweizer Schedule von 1994, WTO Dok. GATS/SC/83, enthielt hinsichtlich Telekomdiensten lediglich Verpflichtungen in Bezug auf Mehrwertdienste. Nach Abschluss der Verhandlungen betreffend Basis-Telekomdienste im Jahre 1997 ergänzte die Schweiz im WTO Dok. GATS/SC/83/Suppl.3 vom 11. April 1997 ihren Schedule. Sie verpflichtete sich zur vollständigen Marktöffnung in allen Basistelekombereichen mit Ausnahme der Sprachtelefonie, die den PTT-Betrieben vorbehalten blieb, wies aber darauf hin, dass nach Inkrafttreten der FMG-Revision von 1996 verbesserte Verpflichtungen nachgereicht würden.[259] Nachdem das FMG am 1.1.1998 in Kraft trat, reichte die Schweiz am 28.1.1998 WTO Dok. GATS/SC/83/Suppl.3/Rev.1 ein. Seither stellt sich der Schweizer Schedule in Bezug auf Telekomdienste wie in Anhang II (S. 159) wiedergegeben dar.

Beim Einreichen ihrer Verpflichtungen hielt sich die Schweiz an die Kategorien der „Services Sectoral Classification List“ des WTO-Sekretariats von 1991,[260] wie sie im Draft Model Schedule von 1995[261] verwendet wurden. Diese Kategorien unterteilen den Telekomsektor in Basis- und Mehrwertdienste und diese wiederum in eine Reihe von Subsektoren, die jeweils mit einem Zahlencode bezeichnet sind. Dieser Code verweist auf einen Eintrag der *Provisional Central Product Classification* (pCPC) der UNO.[262] CPC ist ein System zur hierarchischen

258. Konsolidiert reproduziert unten auf S. 159 ff.
259. Vgl. WTO Dok. GATS/SC/83/Suppl.3, 3.
260. WTO Dok. MTN.GNS/W/120 (Attachment 8 zu WTO Dok. S/L/92, 34 ff.). Auszugsweise reproduziert in Anhang II, S. 163.
261. Informal Note by the Secretariat vom 12. April 1995 (Attachment 7 zu WTO Dok. S/L/92, 29 ff.).

Klassifikation von Gütern und Dienstleistungen, vergleichbar mit dem Harmonisierten System zur Klassifikation von Waren zu Zollzwekken.

Die provisorische Version des CPC, auf den die Classification List und somit die nationalen Schedules Bezug nehmen, ist obsolet. Die UN Statistics Division hat 1997 CPC Version 1.0[263] und 2002 CPC Version 1.1[264] publiziert, die die Telekomdienste weitgehend technologieneutral und detaillierter klassifizieren. Dass die Unzulänglichkeit des pCPC schon 1991 deutlich wurde, zeigt sich daran, dass die Classification List verschiedene Subsektoren mit zwei Sternen (**) als Teilbereiche ein und derselben pCPC-Klasse, „7523 – Data and message transmission services", ausweist. Nichtsdestotrotz bildet der pCPC die Auslegungsgrundlage der Schedules, da sie auf seine Kategorien Bezug nehmen.

Betrachtet man die Kategorien des Schedule selbst, fällt auf, dass auch sie die heutige Struktur des Telekomdienstesektors nicht wiedergeben. Während obsolete Technologien wie Telegraf, Telex und Videotext eigene Einträge haben, fällt die ganze Vielfalt Internet-basierter Dienste, wenn überhaupt, wohl notgedrungenerweise unter den Eintrag „online information and database retrieval". Problematisch würde die Auslegung eines Schedule insbesondere dann, wenn die Verpflichtungen in Bezug auf „Basistelekomdienste" wie Telefonie oder Mietleitungen, die heutzutage zusehends als Anwendungen von Breitbanddiensten implementiert werden, nicht mit den Verpflichtungen in Bezug auf Datenübertragungsdienste übereinstimmen würden.

Der Schweizer Schedule sieht in Bezug auf sämtliche Teilsektoren der Classification List und des Model Schedule eine vollständige Marktöffnung vor, allerdings mit Ausnahme der Auffangkategorie „other". Es ist daher zu prüfen, ob xDSL-Dienste vom Schweizer Schedule erfasst werden.

262. http://unstats.un.org/unsd/cr/family2.asp?Cl=9. Auszugsweise reproduziert in Anhang II, S. 164.
263. http://unstats.un.org/unsd/cr/family2.asp?Cl=3.
264. http://unstats.un.org/unsd/cr/family2.asp?Cl=16.

5.3. Die Kategorien

Der Schweizer Schedule sieht zwei Kategorien vor, die für xDSL-Dienste in Betracht kommen könnten: „packet-switched data transmission" und „circuit-switched data transmission", jeweils definiert als Teilbereiche von pCPC 7523.

Es können in der Telekommunikation „grundsätzlich ... zwei Vermittlungsprinzipien unterschieden werden: Durchschalte- oder Leitungsvermittlung *(Circuit Switching)*, [und] Speicher- oder Paketvermittlung *(... Packet Switching)*."[265] Beim Circuit Switching wird über das Netz eine Verbindung zwischen den Teilnehmern hergestellt, die für die Dauer der Kommunikation ausschliesslich den Teilnehmern zur Verfügung steht.[266] Beim Packet Switching dagegen werden die auszutauschenden Informationen in Pakete, d.h. in Sequenzen digitaler Bits, aufgeteilt. Man unterscheidet weiter *verbindungslose* Paketvermittlungsverfahren, bei denen die Datenpakete über das Netz von Knoten zu Knoten bis zum anderen Teilnehmer weitergereicht werden, ohne dass je eine eigentliche Verbindung zwischen den Teilnehmern besteht,[267] und *verbindungsorientierte*, bei denen die Datenpakete über eine bestimmte Route (eine „virtuelle Leitung") ausgetauscht werden.[268] Bei letzterem Verfahren besteht der Hauptunterschied zur Leitungsvermittlung darin, dass die Quantisierung der Informationen die Nutzung der virtuellen Leitung, anders als einer physischen, durch mehrere Benutzer oder Anwendungen parallel erlaubt.[269]

265. SIEGMUND, 25.
266. Vgl. a.a.O., 25 f.
267. Vgl. ANTTALAINEN, 243.
268. Vgl. a.a.O., 244.
269. Vgl. a.a.O.

5.4. xDSL-Dienste als packet-switched data transmission

xDSL bezeichnet eine Gruppe von Verfahren zur verbindungsorientierten paketgeschalteten Datenübertragung über Kupferkabel. An beiden Kabelenden hängt ein Modem, das beim Sender einen digitalen Bitstrom in eine hochfrequente Wellenform umsetzt, die am anderen Ende wieder demoduliert und als Bitstrom weitergeleitet wird. Das ATM-Verfahren, welches hierzu zur Anwendung kommt, unterteilt den Bitstrom in 53-Byte-Pakete.[270] Jedes ATM-Paket kann einem separaten Benutzer bzw. einer separaten Anwendung zugeordnet sein, und als Nutzlast z.B. rund 30 Millisekunden eines Telefongesprächs[271] oder ein IP-Datenpaket für die Kommunikation mit dem Internet transportieren.

xDSL fällt damit dem Wortlaut gemäss unter die Kategorie „paket-switched data transmission“ des Schedule. Der Verweis auf pCPC 7523 bestätigt diese Auslegung. pCPC 7523 ist in zwei Subklassen – *75231: Data network services* und *75232: Electronic message and information services* – unterteilt. Während pCPC 7532, wie aus seiner *explanatory note* hervorgeht, ein Spektrum (veralteter) elektronischer Mehrwertdienste abdeckt, ist pCPC 75231 weit definiert als:

> Network services necessary to transmit data between equipment using the same or different protocols. This service can be provided via a public or dedicated data network (i.e. via a network dedicated to the customer's use).[272]

Auch diese Definition schliesst xDSL-Dienste nicht aus dem Schweizer Schedule aus. xDSL ist ein „network service“, da es der Datenübertragung in *Datennetzwerken* dient, wie die *explanatory note* verlangt: Das Verfahren ist die Grundlage für die Kommunikation der Geräte des Benutzers (PC, Digitaltelefon, Digitalfernseher etc.) mit öffentlichen Da-

---

270. Vgl. CABALLERO et al., 101.
271. Vgl. CABALLERO et al., 101, Fn. 1.
272. pCPC 75231, Explanatory Note.

tennetzen wie dem Internet oder dedizierten Netzen wie den Multicastingnetzen von Video-on-Demand-Anbietern.

In *Mexico–Telecommunications* nahm das Panel zur Bestätigung seiner Auslegung des mexikanischen Schedule nach Art. 32 VCLT Rückgriff auf die Materialien, die der Ausarbeitung der Schedules der Mitglieder zugrundelagen.[273] Die *Note by the Chairman* der Dienstleistungsverhandlungen der Uruguay-Runde bestätigt, dass die Verpflichtungen vermutungsweise technologieneutral sind und nicht *a priori* nur die damals bekannten oder gängigen Verfahren umfassen:[274]

> 1. Unless otherwise noted in the sector column, any basic telecom service listed in the sector column: ...
>   (c) may be provided through any means of technology (e.g., cable[1], wireless, satellites).
>
> [1] Including all types of cable.[275]

Zusammenfassend kann festgestellt werden, dass die Erbringung von xDSL-Diensten von den Schweizer Verpflichtungen bezüglich paketvermittelter Datenübertragung abgedeckt wird.

5.5. Der Schweizer Monopolvorbehalt

Die Schweizer Verpflichtungsliste enthält seit 1994 unter der Überschrift „Value-added telecommunications services“ folgenden Eintrag:

> General condition applicable to all telecommunication sectors: federal monopoly on network infrastructure, services have to be provided over the public network or over leased lines; wireless networks subject to licensing; pricing of leased lines not volume-sensitive, connection with the public network possible.

273. Vgl. *Mexico–Telecommunications*, Rz. 7.58 ff.
274. So auch MATHEW, 66.
275. Note by the Chairman, 1 (reproduziert auf S. 165 f.).

Dieser Vorbehalt ist seit der Abschaffung des Leitungsmonopols der PTT-Betriebe überflüssig geworden. In der gegenwärtigen GATS-Verhandlungsrunde sieht die Schweiz denn auch seine Streichung im Rahmen ihres Anfangsangebotes vor.[276]

Eine Einschränkung in Bezug auf eine allfällige Verpflichtung zu ULL lässt sich im Monopolvorbehalt auch *de lege lata* nicht erkennen. Die *new entrants* wollen durch ULL eben gerade nicht eigene lokale Netzinfrastrukturen erstellen müssen, sondern wollen auf das öffentliche Netz von Swisscom zurückgreifen können. Der Vorbehalt ermächtigt die Schweiz zwar zu einer Monopolisierung des Infrastrukturmarkts, aber selbst wenn sie dieses Monopol faktisch noch ausüben würde, wäre sie nach Art. VII:2 GATS verpflichtet, sicherzustellen, dass Swisscom als Monopolanbieterin nicht gegen die Schweizer Verpflichtungen im Bereich der Telekomdienste verstösst.

276. Verhandlungsangebot der Schweiz, 23.

6. Entbündelter Zugang im Annex on Telecommunications

Nachdem die Verpflichtungslage geklärt ist, gilt es festzustellen, ob *new entrants* nach dem WTO-Recht zur Erbringung von xDSL-Diensten Anspruch auf ULL haben. Wir wenden uns zunächst dem Annex on Telecommunications (AT) zu, der inhaltlich und vom Geltungsbereich her allgemeiner gehalten ist als das Reference Paper.[277] Im Zentrum der Betrachtung des AT steht die allgemeine Zugangsberechtigung des Abs. 5(a), welche durch die Abs. 5(b)–(f) konkretisiert wird:

> 5. *Access to and use of Public Telecommunications Transport Networks and Services*
>
> (a) Each Member shall ensure that any service supplier of any other Member is accorded access to and use of public telecommunications transport networks and services on reasonable and non-discriminatory terms and conditions, for the supply of a service included in its Schedule. This obligation shall be applied, inter alia, through paragraphs (b) through (f).[15]
>
> [15] The term „non-discriminatory" is understood to refer to most-favoured-nation and national treatment as defined in the Agreement, as well as to reflect sector-specific usage of the term to mean „terms and conditions no less favourable than those accorded to any other user of like public telecommunications transport networks or services under like circumstances".

Wir prüfen zunächst, ob ULL als Massnahme vom Anwendungsbereich des AT umfasst ist und klären sodann ab, ob sie unter „access and use" im Sinne der Abs. 5(a)–(f) AT zu subsumieren ist. Schlussendlich prüfen wir, ob sich die Schweiz zur Vermeidung einer Entbündelungspflicht auf Ausnahmebestimmungen des AT berufen kann.

277. Siehe zum Verhältnis von AT und RP zueinander unten S. 141 f.

6.1. Die Anwendbarkeit des Annex

6.1.1. Die Anwendbarkeit des Annex im Allgemeinen

Abs. 2(a) AT umschreibt den Anwendungsbereich des AT zunächst allgemein:

> 2. *Scope*
>
> (a) This Annex shall apply to all measures of a Member that affect access to and use of public telecommunications transport networks and services.[14]
>
> [14] This paragraph is understood to mean that each Member shall ensure that the obligations of this Annex are applied with respect to suppliers of public telecommunications transport networks and services by whatever measures are necessary.

Der AT ist somit auf alle Massnahmen anwendbar, die die Nutzung von und den Zugang zu öffentlichen Telekomnetzwerken und -dienstleistungen beeinflussen („affect").[278] Diese Tatbestandselemente – „access and use" und „public telecommunications transport networks and services" – sind dieselben, die im Zentrum der materiellen Verpflichtungen des Abs. 5(a) AT stehen. Wir werden weiter unten prüfen, ob sie für den Fall der Entbündelung des local loop vorliegen; ist dies der Fall, sind auch die Bedingungen des Abs. 2(a) AT für die Anwendbarkeit des AT erfüllt.

Wie die Fn. 14 zum AT klarstellt, bedeutet die Anwendbarkeit des AT nicht nur, dass dessen Regeln auf bestehende derartige Massnahmen der Mitglieder Anwendung finden, sondern auch, dass die Mitglieder dazu verpflichtet sind, nötigenfalls durch das Treffen geeigneter derartiger Massnahmen die Einhaltung der Verpflichtungen, die ihnen der materielle Teil des AT (Abs. 4 bis 7) auferlegt, *durch Telefondiensteanbieter* sicherzustellen. Abs. 2(a) AT dient damit nicht der Begrenzung des Anwendungsbereiches des AT, sondern dessen Ausdehnung: Die-

278. OED: „*affect, v. 2*: ... 4. To make a material impression on; to act upon, influence, move, touch, or have an effect on."

ser ist gegeben, wo auch immer die Regeln des AT nach staatlichem Handeln verlangen.

6.1.2. Die Anwendbarkeit auf Basis-Telekomdienste im Besonderen

In den bisherigen Beispielen für die Anwendung des AT (etwa dem der Bank, die zum Datenaustausch öffentliche Telekomnetze nutzen können muss), ging es um Anbieter von Nicht-Telekomdienstleistungen, denen durch die Gewährung eines Zugangsrechts das Tätigwerden ermöglicht werden sollte. Ein Konkurrenzverhältnis zwischen diesen Anbietern und den vom Zugangsrecht belasteten inländischen Basis-Telekomanbietern lag nicht vor – die Gewährung des Zugangsrechts würde nicht den Wettbewerb auf dem Telekommarkt beeinflussen, sondern verhindern, dass Regeln des Telekommarkts als nichttarifäre Handelsschranke missbraucht werden. Im vorliegenden Fall sind es aber *new entrants*, also Konkurrenten des *incumbent*, die zwecks Angebot von Basistelekomdiensten ein Zugangsrecht einfordern, was diesem eine wettbewerbsrechtliche Komponente verleiht.

Vor dem Hintergrund der Entstehungsgeschichte des AT ist vorgebracht worden, dass der AT nicht durch die Anwendung auf Basis-Telekomdienste in WTO-Wettbewerbsrecht umgedeutet werden könne, da zur Zeit seiner Aushandlung, 1994, fast keine spezifischen Verpflichtungen im Basis-Telekomsektor eingegangen wurden, und eine Einigung über die Marktöffnung dieses Bereichs und seine wettbewerbsrechtliche Abstützung durch das RP erst 1997 mit dem 4. Protokoll zum GATS erzielt wurde.[279] Auch umfasse der Anwendungsbereich des AT, im Gegensatz etwa zum Annex über Finanzdienste, nur Zugang zu und Nutzung von öffentlichen Telekomnetzen und -diensten, nicht aber die Erbringung von Telekomdiensten selbst.[280] Das Panel in *Mexico–Telecommunications* hat diese Argumente aber abgelehnt. Es hat den AT als auf die Erbringung von Basistelekomdiensten anwendbar erklärt und dadurch, wie zu zeigen sein wird, diesen zu einem

279. *Mexico–Telecommunications*, Rz. 7.276, 7.284 (Argumente Mexikos).
280. a.a.O., Rz. 7.282.

Grundsatzdokument für die Regulation des Telekomsektors umfunktioniert.

Das Panel hält unter Bezugnahme auf den Wortlaut des AT fest, dass dieser laut Abs. 2(a) AT auf „alle Massnahmen", die Zugang zu und Nutzung von öffentlichen Telekomnetzen und -dienstleistungen beeinflussen, Anwendung findet.[281] Abs. 1 AT als massgeblicher Kontext „anerkennt" die doppelte Rolle des Telekomsektors als eigener Wirtschaftszweig wie auch als Transportmittel für andere wirtschaftliche Tätigkeiten. Dies allein, so das Panel, gibt noch keinen Aufschluss darüber, ob die Regeln des AT auch auf diese erste Funktion des Sektors Anwendung finden sollen. Abs. 1 AT hält aber weiter fest, dass der AT die Bestimmungen des GATS in Bezug auf Zugang zu und Nutzung von öffentlichen Telekomnetzen und -diensten näher ausführen soll. Auch hier wie in den anderen Bestimmungen des AT oder des GATS findet das Panel keinen Hinweis darauf, dass Basis-Telekomdienste vom Anwendungsbereich des AT ausgeschlossen sind.[282] Hätten die WTO-Mitglieder eine derart weitreichende Entscheidung getroffen, hätten sie dem Panel zufolge einen ensprechend klaren Wortlaut gewählt, wie sie dies in Bezug auf den Ausschluss von Radio- und TV-Programmen in Abs. 2(b) AT taten.[283]

Zwar befasst sich der AT mit Zugang zu und Nutzung von öffentlichen Telekomnetzen und -diensten, und nicht mit deren Angebot, so das Panel weiter, aber dieses Zugangsrecht des Abs. 5(a) AT ist dazu bestimmt, das Angebot von Diensten zu ermöglichen, welche in der Verpflichtungsliste eines Mitglieds enthalten sind. Das Panel erwähnt, dass sich der AT in Bezug auf die Dienste, deren Angebot so ermöglicht werden soll, nicht auf einen bestimmten Sektor beschränkt oder einen Sektor ausschliesst, anders als der Annex über Finanzdienste, welcher eine andere Struktur und ein anderes Ziel aufweist.[284] Schlussendlich weist das Panel darauf hin, dass das Zugangsrecht unerlässlich für die Erbringung von Basistelekomdiensten ist. Könnte es nämlich hierfür

281. a.a.O., Rz. 7.278.
282. a.a.O., Rz. 7.280, 7.284.
283. a.a.O., Rz. 7.287.
284. a.a.O., Rz. 7.283.

nicht geltend gemacht werden, so das Panel, könnten die Mitglieder jede Erbringung von Basistelekomdiensten verbieten, welche nicht vollständig über das Netzwerk des Anbieters stattfindet. Damit würden die eingegangenen Marktöffnungsverpflichtungen im Basis-Telekombereich praktisch wertlos.[285]

Über die Argumente des Panel hinaus ergibt sich vor dem Hintergrund des Effektivitätsprinzips ein weiterer Grund für die Anwendung des AT im vorliegenden Fall. Diesem vom Appellate Body anerkannten völkerrechtlichen Auslegungsprinzip zufolge ist eine Auslegung, die Regeln eines Vertrags gegenstandslos bzw. *inutile* werden lässt, unzulässig.[286] Würde der AT nur auf Nicht-Telekomanbieter Anwendung finden, wäre es nicht notwendig gewesen, in Fn.14 zum GATS festzuhalten, dass die WTO-Mitglieder auch verpflichtet sind, die Einhaltung der AT-Verpflichtungen *in Bezug auf ihre Telekomanbieter* sicherzustellen. Ebenso hätten die Mitglieder in Fn.15 zum GATS dem Begriff „nichtdiskriminierend" neben der üblichen Bedeutung im Sinne von MFN und NT nicht auch noch die Bedeutung zuschreiben müssen, dass Zugangsberechtigten durch den *incumbent* nicht schlechtere Konditionen als anderen Kunden gewährt werden dürfen.[287]

Beide Regeln machen nur Sinn, wenn das Zugangsrecht gegen den Willen des *incumbent* durchgesetzt werden muss. Dieser hat in der Regel jedes Interesse daran, einen Nicht-Telekomanbieter, der nicht mit ihm in Konkurrenz steht, als Kunden zu gewinnen, womit nur verhindert werden müsste, dass der Staat ihm dies aus protektionistischen Beweggründen verbietet. Nur wenn sich auch Basis-Telekomanbieter, welche als *new entrants* in Konkurrenz zum *incumbent* stehen, auf das

285. a.a.O., Rz. 7.286.

286. Vgl. *US–Reformulated Gasoline*, S. 22, mit Verweisen auf die IGH-Rsp.

287. Würde der Staat durch Erlass oder Anordnung solche schlechteren Konditionen für WTO-Ausländer herbeiführen, oder würde er den *incumbent* entsprechend anweisen (durch die Ausübung von Stimmrechten oder anderweitig), würde eine staatliche Massnahme vorliegen, die gegen die NT-Verpflichtung des betreffenden Staats verstossen würde. Würde der Staat durch einen staatlichen Monopol-*incumbent* so handeln, würde er gegen Art. VIII:1 GATS verstossen.

Zugangsrecht berufen können, besteht die Notwendigkeit, auch den *incumbent* selbst derart in die Pflicht zu nehmen.

6.1.3. *Art. 2(c)(i) AT: Anwendbarkeit im Rahmen der spezifischen Verpflichtungen*

Abs. 2(c) umfasst die eigentliche Umschreibung des Geltungsbereichs des AT. Dieser wird zunächst beschränkt auf die vom jeweiligen Mitglied eingegangenen Marktöffnungsverpflichtungen:

> (c) Nothing in this Annex shall be construed:
>
> (i) to require a Member to authorize a service supplier of any other Member to establish, construct, acquire, lease, operate, or supply telecommunications transport networks or services, other than as provided for in its Schedule;

Ziffer (i) hält fest, dass kein Mitglied durch den AT verpflichtet ist, einem ausländischen Diensteanbieter die Erstellung, den Betrieb oder das Angebot von Telekominfrastruktur oder -diensten zu gestatten, es sei denn, seine Verpflichtungsliste sehe dies vor. Die Tätigkeiten, die so umschrieben werden, sind diejenigen, deren Zulässigkeit notwendig ist, damit ein Anbieter von Telekomdiensten im Inland tätig werden kann. Ziffer (i) (wie auch Abs. 5(e)(iii) AT) stellt damit klar, dass der AT, obwohl er gewissen Diensteanbietern Zugangs- und Nutzungsrechte im Telekombereich einräumt, für sich allein noch keinen Marktzugang auf dem Gebiet der Telekomdienstleistungen schafft.[288] Um diesen herbeizuführen, muss ein Mitglied zuerst entsprechende spezifische Verpflichtungen eingehen. Hat es dies – wie die Schweiz – getan, umfasst das Marktzugangsrecht der ausländischen Telekomanbieter grundsätzlich die beschriebenen Tätigkeiten, und zwar dank der NT-Verpflichtung zu nicht schlechteren Bedingungen, wie es Inländern gestattet ist. Für unseren Fall ist Abs. 2(c)(i) AT unbeachtlich, auch wenn ULL die (weitere) Zulassung solcher Tätigkeiten durch die *new entrants* erfor-

288. So auch das Panel in *Mexico–Telecommunications*, Rz. 7.289–7.293.

dern sollte, da die Schweiz wie erwähnt volle Marktöffnungsverpflichtungen im Telekombereich eingegangen ist.[289]

6.1.4. Abs. 2(c)(ii) AT: Anwendbarkeit im Rahmen der spezifischen Verpflichtungen

> (c) Nothing in this Annex shall be construed: ...
> (ii) to require a Member (or to require a Member to oblige service suppliers under its jurisdiction) to establish, construct, acquire, lease, operate or supply telecommunications transport networks or services not offered to the public generally.

Auf Drängen der Entwicklungsländer wurde Abs. 2(c)(ii) in den AT eingefügt, welcher klarstellt, dass der AT die Mitglieder nicht zur Bereitstellung von Telekomassets[290] zwingt, die nicht ohnehin schon öffentlich angeboten werden. Die Entwicklungsländer fürchteten, sonst zugunsten ausländischer Anbieter Telekomassets bereitstellen zu müssen, welche die technischen und finanziellen Fähigkeiten ihrer Telekomanbieter übersteigen.[291]

Wir werden wie erwähnt unten im Zusammenhang mit den materiellen Regeln des AT prüfen, ob der local loop ein „telecommunications

---

289. KENNEDY (S. 34) legt Abs. 2(c)(i) AT so aus, dass ein Mitglied diese Tätigkeiten nicht zulassen muss, es sei denn, seine Verpflichtungsliste enthalte eine Verpflichtung zur Marktöffnung, welche zu ihrer Verwirklichung die Geltendmachung des Zugangsrechts benötigt. Dies überzeugt nicht, weil die Einschränkung des Zugangsrechts auf von Verpflichtungen abgedeckte Sektoren sich zum einen schon aus Abs. 5(a) AT („... for the supply of a service included in its Schedule") und Abs. 5(e)(iii) ergibt, und zum anderen wohl nur Telekomanbieter zur Geltendmachung ihres Zugangsrechts diese Tätigkeiten in wesentlichem Umfang durchführen müssen, wozu sie schon ihr Marktzugangsrecht nach Massgabe der spezifischen Verpflichtungen berechtigt. Auch KENNEDYS Auslegung zufolge bleibt ULL jedoch vom AT erfasst, weil die entsprechende Verpflichtung der Schweiz existiert.

290. In dieser Arbeit wird der Begriff „Telekomassets" als Abkürzung für „Telekomeinrichtungen und -dienstleistungen" verwendet.

291. Vgl. MATHEW, 90; KENNEDY, 34.

transport network or service“ im Sinne des AT ist. Die Teilnehmeranschlussleitung (gebündelt mit dem Telefon-Grundabonnement) wird in der Schweiz von Swisscom jedermann angeboten; als Grundkonzessionärin nach Art. 16 FMG ist sie hierzu sogar verpflichtet. Somit ist die letzte Meile dem Anwendungsbereich des AT nicht gestützt auf Abs. 2(c)(ii) entzogen.

6.1.5. Telekomdienste und hoheitliche Macht: Die Grundversorgungspflicht

Art. I:1 i.V.m. Art. I:3(b) GATS zufolge finden das GATS, und somit AT und RP, nicht Anwendung auf Massnahmen, die die Erbringung von Dienstleistungen beeinflussen, welche in der Ausübung hoheitlicher Autorität erbracht werden. Solche sind laut Art. I:3(c) GATS Dienstleistungen, welche weder auf kommerzieller Basis noch im Wettbewerb unter verschiedenen Anbietern erbracht werden. Dies trifft im seit 1998 liberalisierten Schweizer Telekommarkt auf die Erbringung von Basis-Telekomdiensten, welche Gegenstand des Entbündelungsanspruchs der *new entrants* ist, nicht mehr zu. Man könnte aber vorbringen, dass die Aufrechterhaltung der allgemeinen Grundversorgung mit Telekomdiensten, zu der Swisscom als Grundversorgungskonzessionärin verpflichtet ist, diese Bedingungen erfüllt.

Selbst wenn dem so wäre,[292] entzieht dies ULL nicht dem Anwendungsbereich des AT. Denn ULL beeinträchtigt die Erfüllung der Grundversorgungspflicht durch Swisscom ebensowenig, wie dies die Gewährung der Interkonnektion getan hat.[293] Auch wenn durch die Entbündelung die Profitabilität der letzten Meile gerade in Randregionen, wo die Installationskosten hoch sind, unter das Rentabilitätsniveau

---

292. Immerhin ist die Grundversorgungskonzession bisher nie behördlich auferlegt, sondern für 2003–2008 von Swisscom in einem Ausschreibungsverfahren beantragt worden (vgl. ComCom 2002, 16f.); die Erbringung der Grundversorgung war also formell Gegenstand eines Wettbewerbs zwischen den Schweizer Telekomanbietern.

293. So auch die ComCom (2002, 8) explizit.

sinken würde, kann die Grundkonzessionärin im Umfang der ungedeckten Kosten, die ihr die Erfüllung ihrer Grundversorgungspflicht verursachen würde, Investitionsbeiträge beanspruchen (Art. 19 FMG).[294] Schlussendlich ist hier wohl Abs. 5(e)(i) AT einschlägig, der Massnahmen zur Sicherung der Grundversorgungspflicht explizit vorbehält.[295]

6.1.6. Gehandelte Dienstleistungen: Die Frage der Inländerdiskriminierung

Eine im vorliegenden Fall relevante Einschränkung des Anwendungsbereichs des GATS (und somit ebenfalls des AT und RP) findet sich in Art. I:1 i.V.m. Art. I:2 GATS. Das GATS findet demgemäss nur auf Massnahmen, die den *Handel von Dienstleistungen* im Sinne der Erbringungsarten des GATS beeinflussen, Anwendung. Telekomdienstleistungen, die von Schweizer oder nicht-WTO-ausländischen *new entrants* in der Schweiz erbracht werden, fallen nicht unter diese Erbringungsarten, was bedeutet, dass Massnahmen zur Entbündelung der letzten Meile zu ihren Gunsten nicht vom GATS berührt werden und ihnen im Gegensatz zu ihren WTO-ausländischen Konkurrenten damit kein Zugangsrecht nach dem AT zukommen kann. Das WTO-Recht verbietet eine solche *Inländerdiskriminierung* nicht. Die Mitglieder dürfen in der landesrechtlichen Umsetzung ihrer Verpflichtungen aber die Inländer den WTO-Ausländern gleichstellen, und werden dies regelmässig auch tun.

In *Commcare* hat das Bundesgericht denn auch bemerkt, dass, wenn sich „ausländische Fernmeldediensteanbieter auf das GATS berufen [könnten], zu prüfen [wäre], ob dasselbe aus Gründen der Gleichbe-

---

294. Das Fehlen eines solchen Entschädigungsanspruchs von Swisscom war eines der Argumente des Bundesgerichts gegen die Entbündelung in *Commcare* (E. 9c). Unerwähnt vom Bundesgericht blieb, dass dies nur für die Übergangsperiode bis 2003 gilt (Art. 66 FMG); die Konzessionsbewerber können ab dann in ihrer Bewerbung Investitionsbeiträge beanspruchen. Swisscom, die einzige Bewerberin, hat 2002 darauf verzichtet.

295. Siehe unten 6.3.2.1, S. 102.

handlung der Konkurrenten nicht auch für inländische Konkurrenzbetriebe gälte."[296] Dass die Inländerdiskriminierung landesrechtlich ohne weiteres unzulässig wäre, drängt sich aber im Lichte der bundesgerichtlichen Rechtsprechung nicht auf: In Bestätigung seiner Rechtsprechung hat das Bundesgericht jüngst die Diskriminierung von Schweizern zugelassen, die sich aus dem Umstand ergibt, dass EG/EFTA-Ausländer gestützt auf das Freizügigkeitsabkommen mit der EG ausländische Familienmitglieder leichter nachziehen können, als dies Schweizern nach Landesrecht zusteht. Hierin sieht das Bundesgericht namentlich auch keine Verletzung des Diskriminierungsverbotes von Art. 14 EMRK.[297]

Für unsere Zwecke ist bloss massgebend, dass der AT völkerrechtlich nur WTO-ausländische *new entrants* begünstigt, nicht aber Schweizer oder nicht-WTO-Ausländer.

6.2. Entbündelter Zugang und das Zugangsrecht nach Abs. 5(a) des Annex

Wir haben festgestellt, dass Massnahmen zur Entbündelung der letzten Meile in den Anwendungsbereich des AT fallen, soweit sie zugunsten von WTO-Ausländern ergriffen werden. Nun müssen wir prüfen, ob die Entbündelung im Zugangsrecht des Abs. 5 AT enthalten ist.

Das Zugangsrecht wird grundsätzlich in Abs. 5(a) AT geregelt. Es umfasst Zugang zu und Nutzung von öffentlichen Telekomtransportnetzen und -diensten für das Erbringen eines Diensts, welcher in der Verpflichtungsliste des verpflichteten Mitglieds enthalten ist. Es soll – so dieser Absatz weiter – unter anderem durch die Abs. 5(b)-(f) angewendet werden. Während Abs. (b) und (c) besondere Verpflichtungen im Zusammenhang mit der Gewährung des Zugangsrechts regeln, was gemäss Abs. (d) nicht Informationsschutzmassnahmen verhindern soll,

296. *Commcare*, E. 9c).
297. *Familiennachzug*, E. 4.2 mit weiteren Hinweisen auf die Rsp.

nennt Abs. (e) drei Interessenlagen, zu deren Schutz Einschränkungen des Zugangsrechts zulässig sind, von denen Abs. (f) eine illustrative Liste anbietet.

6.2.1. Tatbestandsmerkmale des Zugangsrechts

Ist der local loop ein „public telecommunications transport network" im Sinne des AT? Dass der local loop allein ein „Netzwerk" im gewöhnlichen Sinne des Wortes ist, kann bestritten werden, denn er besteht nicht aus miteinander verbundenen Elementen, sondern aus einer einzigen Leitung. Es kann daher behauptet werden, dass im Fall von ULL „it is not access to a telecommunications network that is granted, but simply the usage or shared usage of network components".[298] Setzt man jedoch voraus, dass die *Art* der Nutzung des local loop durch den *new entrant* bei ULL eine zulässige ist, nämlich diejenige, die zur Erbringung eines gemäss Verpflichtungsliste zulässigen Dienstes erforderlich ist,[299] ist es nicht einzusehen, weshalb ein Recht auf die Nutzung des gesamten Netzes bestehen sollte, nicht aber *a maiore ad minus* eines auf die Nutzung nur einzelner Teile des Netzes, insbesondere da es in der Natur der zulässigen Nutzung liegt, dass sie nur über kurze Kabelstrecken stattfinden kann. Schliesslich findet eine solche „Nutzung einzelner Netzteile" auch stets dann statt, wenn auf dem herkömmlichen Interkonnektionswege ein Telefonanruf über den local loop des *incumbent* terminiert wird.

Ausschlaggebend ist jedenfalls die Definition von Abs. 3(c), der bestimmt:

> For the purposes of this Annex: [...]
> (c) „Public telecommunications transport network" means the public telecommunications infrastructure which permits telecommunications between and among defined network termination points.

298. KOENIG / LOETZ, 363.
299. Siehe dazu unten 6.2.2, S. 98.

Es gilt also festzustellen, ob local loops öffentliche Telekommunikationsinfrastruktur sind, die Telekommunikation zwischen oder unter definierten NTPs zulässt. Der Begriff der *Telekommunikation* ist in Abs. 3(a) definiert:

> (a) „Telecommunications“ means the transmission and reception of signals by any electromagnetic means.

Eine doppeladrige Kupfer-Telefonleitung wird physisch dergestalt betrieben, dass ein fliessender elektrischer Strom (der Träger) am einen Ende beider Adern durch Magnete derart moduliert wird, dass seinen periodischen Schwingungen ein Informationsgehalt zu Eigen wird, welcher am anderen Ende der Ader dem Verbindungsbenützer vermittelt wird (am Teilnehmergerät) bzw. vom Umsetzer ins Netz weitervermittelt wird (in der Ortszentrale). Die so elektromagnetisch übermittelten Informationen sind Signale, entweder analoge (z.B. bei Voiceband-Telefonie) oder digitale (z.B. bei xDSL).[300] Die local loops dienen also der Telekommunikation im Sinne des AT.

Der *network termination point* (NTP) ist der gängige Telekom-Fachbegriff für „die physische Stelle, an der ein Benutzer Zugang zu einem öffentlichen Telekommunikationsnetz erhält“,[301] konkret also die Telefonbuchse des Kunden. Ein NTP befindet sich nur an dem Ende des local loop, das sich im Gebäude des Teilnehmers befindet, nicht aber in der Ortszentrale. Der einzelne local loop dient also nicht dazu, Telekommunikation zwischen NTPs zu betreiben. Jede Telekommunikation umfasst aber zwei oder mehr Teilnehmer, deren NTP jeweils durch ei-

300. OED: „*signal, n.* ... c. A modulation of an electric current, electromagnetic wave, or the like by means of which information is conveyed from one place to another; the current or wave itself; also, a current or wave whose presence is regarded as conveying information about the source from which it comes.“

301. So definiert im durch Art. 1 Ziff. 1 Bst. a) der RL 97/51/EG präzisierten Art. 2 Ziff. 5 der RL 90/387/EWG. Ebenso FISCHER, 701; *Commcare*, E. 4a) und das Siemens Online Lexikon: „*Netzwerk-Endstelle / network termination point (NTP).* Bezeichnung aus dem Bereich der Telekommunikation. Am NTP (Network Termination Point) kann z.B. ein Telefon (Teilnehmerapparat), eine Fernschreibstation, ein Terminal oder ein Vermittlungscomputer angeschlossen sein.“

nen local loop mit ihrer Ortszentrale verbunden ist.[302] Das Vorhandensein der local loops ist also notwendige Voraussetzung einer Kommunikation zwischen den Teilnehmern und damit der Telekommunikation zwischen ihren NTPs. In diesem Sinne *lässt („permits")*[303] der local loop die Kommunikation *zwischen und unter* NTPs zu.

WEBER bemerkt, wohl in Bezug hierauf, dass „nach verbreiteter Auffassung" es sich beim Zugangsrecht des AT „zwar um die Pflicht zur Interkonnektion, nicht zwingend aber um die Pflicht zu einem ‚Unbundling' [handelt]; der Grund für diese Auslegung liegt insbesondere darin, dass von Anschlussstellen gesprochen wird, welche der Mehrheit der Nutzer zur Verfügung stehen."[304] Dieser Auffassung ist nicht zu folgen. Der AT schreibt nämlich nicht vor, dass der Zugang *an* solchen NTPs erfolgen muss, sondern hält nur fest, dass Gegenstand des Zugangs eine Infrastruktur sein muss, die über NTPs verfügt. In *Mexico–Telecommunications* erfolgte der vom Panel gutgeheissene Zugang des *new entrant* zum Netz des *incumbent* Telmex denn auch nicht an einem Endbenutzer-NTP, sondern an einer Schaltzentrale an der Grenze.

Stellt der local loop auch eine *Telekommunikationsinfrastruktur* dar? Infrastruktur bedeutet die materielle Grundlage einer Unternehmung oder eines Vorhabens, welche zum Betrieb oder zur Durchführung der- oder dessselben notwendig sind.[305] Kupferkabel sind materielle, fest mit dem Boden verbundene, (meist unterirdisch, also

302. Es ist auch möglich, dass das Endgerät eines Teilnehmers nicht an einem local loop hängt, sondern Teil eines anderweitig (also nicht z.B. über ein Telefon-/ADSL-Modem) mit dem Telefonnetz verbundenen IP-Datennetzes ist, etwa ein Telefon, das an ein Kabelmodem angeschlossen ist. Das ändert aber nichts am Umstand, dass über den local loop weiterhin auch mit Teilnehmern, die sich konventioneller Endgeräte (Telefone) und somit local loops bedienen, kommuniziert werden kann. Das Bestehen dieser Möglichkeit genügt der Anforderung von Abs. 3 Bst. a AT, dass der local loop eine solche Kommunikation zulässt („permits").

303. OED: „*permit, v.* ... 3. a. absol. or intr. To give leave or opportunity; to allow; ... spec. in phr. weather permitting, if the weather permits or allows, and in similar phrases." Das Vorhandensein der Teilnehmeranschlussleitung liefert in diesem Sinne die (sogar notwendige) Gelegenheit („opportunity") zur Telekommunikation zwischen NTPs.

304. WEBER, Entbündelung, 339.

wortwörtlich *infra-/unter*liegende) Gegenstände, über die die Telekommunikation – die zentrale Geschäftstätigkeit der hier interessierenden Unternehmen – abgewickelt wird. Somit stellt der local loop Telekommunikationsinfrastruktur im Sinne von Abs. 3(c) AT dar.

Schlussendlich ist noch zu prüfen, ob der local loop eine *öffentliche* Telekominfrastruktur im Sinne von Abs. 3(c) AT ist. Die gewöhnliche Bedeutung des Wortes „public" bzw. „öffentlich" lässt verschiedene Auslegungen zu.[306] Die nicht offensichtlich sinnlosen sind:

- „öffentlich" als „was öffentlich angeboten wird oder werden muss";
- „öffentlich" als „öffentlich zugänglich";[307]
- „öffentlich" als „in öffentlichem Eigentum stehend, staatlich";
- „öffentlich" als „Gegenstand des öffentlichen Interesses, national".[308]

Abs. 3(b) AT definiert „öffentlich" für „telecommunications transport service[s]" als „required, explicitly or in effect, by a Member to be offered to the public generally." In *Mexico–Telecommunications* übertrug das Panel diese Bedeutung ohne weiteres auf Abs. 3(c) AT.[309] Es besteht tatsächlich kein Grund, anzunehmen, dass „public" in Bezug auf „telecommunications infrastructure" anders auszulegen ist. Auch der Kontext der meisten anderen Abs. des AT, in denen jeweils gemeinsam von „public telecommunications transport networks and services" die

305. OED: „*infrastructure,* A collective term for the subordinate parts of an undertaking; substructure, foundation".

306. Der OED gesteht ein: „The varieties of sense are numerous and pass into each other by many intermediate shades of meaning. The exact shade often depends upon the substantive qualified, and in some expressions more than one sense is vaguely present; in others the usage is traditional, and it is difficult to determine in what sense precisely the thing in question was originally called ‚public'."

307. OED: „*public, a. (n.)* ... 4. a. That is open to, may be used by, or may or must be shared by, all members of the community; not restricted to the private use of any person or persons; generally accessible or available; [...] Also (in narrower sense), that may be used, enjoyed, shared, or competed for, by all persons legally or properly qualified."

308. OED: „*public, a. (n.)* ... 1. Of or pertaining to the people as a whole; that belongs to, affects, or concerns the community or nation; common, national, popular."

309. *Mexico–Telecommunications*, Rz. 7.54.

Rede ist, legt einen einheitlichen Begriff der „Öffentlichkeit“ für beide Begriffe nahe. Damit ist der local loop „öffentlich“ im Sinne von Abs. 3(c) AT, da die Schweiz, deren Rechts- und Sachlage hier ausschlaggebend ist,[310] von Swisscom als Grundkonzessionärin die Erstellung der notwendigen Teilnehmeranschlussleitungen (Art. 21 Abs. 1 FDV) verlangt, wofür Swisscom gegebenenfalls staatliche Investitionsbeiträge beanspruchen kann.

Der Schweizer local loop würde im Übrigen auch die anderen Begriffe der Öffentlichkeit erfüllen. Er ist in Bezug auf seine bestimmungsgemässe Funktion – dem Übermitteln von Telefonie und Daten – allgemein zugänglich, da an ihn angeschlossene Teilnehmer im Regelfall von jedermann, der selbst ans Telefonnetz angeschlossen ist, angerufen werden können. Er wird, wie die Aktualität zeigt, weitherum als Gegenstand des öffentlichen Interesses und als Gegenstand der Schweizer Gesetzgebung wahrgenommen. Und er ist, wirtschaftlich betrachtet, eine öffentliche Sache, da sein Eigentümer, Swisscom AG, in Mehrheitsbesitz des Bundes ist und als Grundkonzessionärin durch bzw. über ihn eine staatliche Aufgabe wahrnimmt.[311]

Damit ist der local loop ein „public telecommunications transport network“ im Sinne des AT.

---

310. Es geht nicht an, die Bestimmung „*a* Member“ / „*ein* Mitglied“ [Hervorhebungen des Autors] des Abs. 3 Bst. b AT in dem Sinne wörtlich zu nehmen, dass schon der Umstand, dass *irgendeines* der 147 WTO-Mitglieder das öffentliche Anbieten der fraglichen Dienstleistung verlangt, dieser öffentlichen Charakter verleiht und sie somit für alle WTO-Mitglieder dem AT unterstellt. Abs. 2 Bst. c und Abs. 5 Bst. a AT als Teil des massgeblichen Kontexts, in dem die Bestimmung zu betrachten ist (Art. 31 Abs. 2 VCLT) stellen nämlich klar, dass die Regeln des AT nur für diejenigen Verpflichtungen gelten, die die jeweiligen Mitglieder durch ihre spezifischen Verpflichtungen dem Markt geöffnet haben. So ist auch „a Member“ als „das jeweilige Mitglied“ zu lesen.

311. Art. 92 Abs. 2 BV: „Der Bund sorgt für eine ausreichende und preiswerte Grundversorgung mit Post- und Fernmeldediensten in allen Landesgegenden. Die Tarife werden nach einheitlichen Grundsätzen festgelegt.“

6.2.2. „Measures ... that affect ... access to and use of"

Sind die exklusiven Nutzungsrechte, welche die *new entrants* auf dem Entbündelungswege beanspruchen wollen, Zugang und Nutzung („access and use") im Sinne des AT?

Zugang („access") zu Leitungen ist im Kontext der Erbringung von Telekomdienstleistungen die Möglichkeit, die Leitungen hierfür nutzen („use") zu können.[312] Die Verwirklichung dieser Zulassung zur Nutzung setzt die Ermöglichung der für die Nutzung unerlässlichen Tätigkeiten wie namentlich der Interkonnektion (im Sinne der physischen und logischen Verbindung der notwendigen Geräte) und die Kollokation der Hardware voraus.

Die gewöhnliche Bedeutung von „use" ist eine Verwendung einer Sache zur Erreichung eines Ziels.[313] Der Wortlaut von Abs. 5(a) AT schränkt dieses Ziel und diese Verwendung nur auf die Erbringung der Dienste gemäss Verpflichtungsliste ein, sonst aber nicht:

> any service supplier ... is accorded access to and use of public telecommunications transport networks and services, on reasonable and non-discriminatory terms and conditions, *for the supply of a service* included in its Schedule. [Hervorhebung des Autors]

Dies legt nahe, Abs. 5(a) AT so auszulegen, dass die Nutzung, welche dem Nutzer zusteht, alle Tätigkeiten umfasst, die notwendig sind, damit er die Dienste erbringen kann, welche er gestützt auf die spezifischen Verpflichtungen des betreffenden Mitglieds erbringen darf. Da der Anschluss von DSLAMs an den local loop und die Nutzung von jedenfalls dessen höheren Frequenzbereichen zur Erbringung von xDSL-Diensten notwendig ist, ist den new entrants diese Tätigkeit, *prima facie*, zu gestatten.

---

312. OED: „*access, n.*. ... 2. a. The habit or power of getting near or into contact with; entrance, admittance, admission (to the presence or use of)."

313. OED: „*use, n.* ... I. Act of using, or fact of being used. 1. a. The act of employing a thing for any (esp. a profitable) purpose; the fact, state, or condition of being so employed; utilization or employment for or with some aim or purpose, application or conversion to some (esp. good or useful) end."

Abs. 5(b) AT, der das Zugangsrecht illustrativ konkretisiert, bestätigt, dass die Nutzung sich nicht auf die vom *incumbent* angebotenen Übermittlungsverfahren beschränken muss. Er garantiert den *new entrants* die Möglichkeit

> (i) to purchase or lease and attach terminal or other equipment which interfaces with the network and which is necessary to supply a supplier's services; ...
> (iii) to use operating protocols of the service supplier's choice in the supply of any service, other than as necessary to ensure the availability of telecommunications transport networks and services to the public generally.

Damit ist klar, dass die *new entrants* den local loop hardware- wie softwareseitig autonom nutzen dürfen, also durch Anschluss ihrer eigenen Übermittlungsgeräte und Verwendung ihrer eigenen Übermittlungsverfahren.

Die entbündelte Nutzung ist zwar intensiver, als dies im Fall der blossen Interkonnektion zur Weiterleitung von Signalen der Fall ist, denn je nach ULL-Variante wird der local loop dem *incumbent* für die eigene Nutzung ganz oder teilweise entzogen. Da ein local loop aber nur zur Versorgung eines einzigen Kunden geeignet ist, und dieser sich gerade dafür entschieden hat, sämtliche Telekomdienste vom *new entrant*, und keine mehr vom *incumbent* zu beziehen, wird der *incumbent* durch diese Art der Nutzung nur insoweit geschädigt, als dass ihm ein Kunde abgeworben wurde. Der AT verlangt denn auch nicht, dass dem *incumbent* durch die Nutzung des *new entrant* ein gewisses Mass an eigener Nutzung garantiert bleibt. Dies würde auf einen Anspruch der exklusiven Bedienung gewisser Kunden übers Netz herauslaufen, und somit auf einen Anspruch auf ein weiteres „Gefangenhalten" der *captive customers*. Der AT stellt lediglich sicher, dass die Nutzung nicht die Funktionsfähigkeit und Allgemeinverfügbarkeit des Netzes beeinträchtigt.[314]

314. Abs. 5(b)(iii) und 5(e)(i)/(ii) AT; siehe unten 6.3.2.2, S. 102.

6.3. Einschränkungen des Zugangsrechts

Es liegt nahe, dass das Zugangsrecht der *new entrants* gewisser Einschränkungen bedarf, um zu verhindern, dass die *incumbents* in verschiedener Hinsicht ungerechtfertigt benachteiligt werden. Der AT sieht eine Reihe von möglichen Einschränkungen vor, von denen aber, wie zu zeigen ist, keine den entbündelten Zugang *per se* in Frage stellt.

6.3.1. Einschränkungen nach Abs. 5(a) AT

6.3.1.1. Einschränkung durch Preise und Bedingungen

Nach Abs. 5(a) AT ist der Zugang „on reasonable and non-discriminatory terms and conditions" zu gewährleisten. Wie eingangs erwähnt, ist die genaue Bestimmung des WTO-rechtlich zulässigen Preismodells nicht Gegenstand dieser Arbeit. Immerhin geht aus dem Entscheid des Panel in *Mexico–Telecommunications* hervor, dass „cost-oriented rates" i.S.v. Abs. 2.2(b) RP auch „reasonable" i.S.v. Abs. 5(a) AT sind,[315] und dass ein Modell, das dem *incumbent* einen angemessenen Geschäftsgewinn auf seine Infrastruktur garantiert, „cost-oriented" ist.[316] Durch die Anwendung eines solchen Modells kann also zulässigerweise verhindert werden, dass durch die Zugangsgewährung die Anreize von *incumbent* wie *new entrant,* in die Infrastruktur zu investieren, dahinfallen.

6.3.1.2. Einschränkung in Bezug auf die Form des ULL

Abs. 5(a) AT verpflichtet die WTO-Mitglieder, *new entrants* eine Nutzung von Telekomassets soweit zu ermöglichen, wie dies zur Erbringung verpflichtungsgemässer Dienste notwendig ist, nicht aber darüber hinaus. Dies bedeutet, dass die Mitglieder nicht zur Gewährung von *full*

315. Vgl. *Mexico–Telecommunications*, Rz. 7.335.
316. Vgl. a.a.O., Rz. 7.184 f.

access verpflichtet sind, wenn die *new entrants* ihre Datenübermittlungsdienste ebenso auch unter Nutzung bloss höherer Frequenzen, also via *shared access*, erbringen können.[317] Sollte *shared access* den *new entrant* allerdings derart einschränken, dass er nicht mehr dieselben verpflichtungsgemässen Dienste erbringen kann wie bei *full access*, ist ihm letzterer wohl zuzugestehen. Diese Tatsachenfrage muss von Fall zu Fall, je nach Stand der Technik, geprüft werden.

Bitstream access und der Wiederverkauf von Endkunden-DSL-Angeboten stellen dagegen nicht Zugang im Sinne des AT dar, da diesfalls der *new entrant* den fraglichen Dienst – den xDSL-Datentransport über den local loop – nicht selber erbringt. New entrants haben somit nach Abs. 5(a) AT keinen Anspruch auf *bitstream access*; andererseits erfüllt ein WTO-Mitglied seine Verpflichtung zur Zugangsgewährung nicht bloss dadurch, dass es den new entrants *bitstream access* oder den Wiederverkauf von DSL-Diensten des *incumbent* erlaubt.

6.3.2. Einschränkungen nach Abs. 5(d)–(g) AT

Abs. 5(d)–(g) AT sehen mögliche Einschränkungen des Zugangsrechts vor. Bst. (d) und (g) sind nicht einschlägig, da nicht behauptet werden kann, ULL gefährde das Fernmeldegeheimnis, und da die Schweiz kein Entwicklungsland ist. Die in Abs. (f) vorgesehenen Einschränkungen sind dagegen nur zulässig, wenn, wie das Panel in *Mexico–Telecommunications* festhielt, sie zur Erreichung eines der drei Politikziele des Abs. 5(e) notwendig sind.[318] Es gilt daher zu prüfen, ob eine Einschränkung des Zugangsrechts zur Erreichung dieser Ziele, wie von Abs. 5(e) verlangt, notwendig („necessary“) wäre.

---

317. Die Frage, ob die *new entrants* zur Erbringung von *Voiceband-Telefoniediensten* zum entbündelten Zugang auch zu tieferen Frequenzbereichen berechtigt sind, ist ebenfalls nicht Gegenstand dieser Arbeit. Dies erscheint aber deshalb fraglich, weil heute gängige Voiceband-Dienste, im Gegensatz zu xDSL-Diensten, auch mit der weniger intensiven Zugangsform der Interkonnektion erbracht werden können.

318. *Mexico–Telecommunications*, Rz. 7.306.

6.3.2.1. Abs. 5(e)(i) AT: Grundversorgungspflicht

Wie bereits erwähnt,[319] würde die Gewährung von ULL die Grundversorgungspflicht von Swisscom, namentlich deren Fähigkeit, ihre Dienste öffentlich anzubieten, nicht gefährden. Das FMG garantiert der Grundversorgungskonzessionärin nämlich die Mittel, um die dafür notwendigen Investitionen zu tätigen.

6.3.2.2. Abs. 5(e)(ii) AT: Technische Integrität der Netze

Der Umstand, dass entbündelter Zugang zum local loop bereits in verschiedenen Ländern allem Anschein nach ohne nennenswerte technische Probleme stattfindet, zeigt, dass ULL *per se* keine Gefahr für die technische Integrität der Netze darstellt. Massnahmen, die zur Sicherstellung der Interoperabilität der Systeme notwendig sind, können nach Abs. 5(f)(ii)–(iv) AT dagegen ergriffen werden.

6.3.2.3. Abs. 5(e)(iii) AT: Gewähr des Erbringens nur verpflichtungsgemässer Dienste

Abs. 5(e)(iii) AT erlaubt Einschränkungen des Zugangsrechts, die notwendig sind, um sicherzustellen, dass niemand Dienste erbringt, wo ihm das gemäss den spezifischen Verpflichtungen des betreffenden WTO-Mitglieds nicht zusteht. Die Verweigerung von ULL ist aber nicht notwendig, um die Erbringung verpflichtungswidriger Dienste durch den *new entrant* zu unterbinden, auch wenn ULL die Erbringung auch solcher Dienste ermöglichen würde. Da *full* und *shared access* die Installation und den Betrieb komplexer Hardware im Inland voraussetzt, setzt ULL auch die kommerzielle Präsenz des *new entrant* im Inland voraus. Da er damit der inländischen Jurisdiktion unterworfen ist, kann ihm der Staat das Erbringen unzulässiger Dienste ohne weiteres verbieten.

Aus dem Umstand, dass Dritte ohne Zutun des *new entrant* über eine entbündelt zugängliche Leitung unzulässige Dienste erbringen, z.B. audiovisuelle Inhalte verbreiten können, folgt ebenfalls nicht die

319. Siehe oben 6.1.5, S. 90.

Notwendigkeit, ULL nicht zu gewähren, denn solche Dienste können typischerweise genauso auch über gebündelte Leitungen erbracht werden.[320]

6.4. Das Zugangsrecht im Lichte der weiteren Auslegung

Nachdem klar ist, dass ULL dem Wortlaut von Abs. 5 AT nach unter „access and use" fällt, ist nach Art. 31 VCLT zu prüfen, ob diese Auslegung im Lichte des massgeblichen Kontexts, dem Gegenstand und Zweck des Vertrags und des geforderten guten Glaubens aufrechtzuhalten ist. Es stellt sich insbesondere die Frage, ob die entbündelte Zugangsform, die zur Erbringung verpflichtungsgemässer Dienste notwendig ist, vom AT erfasst wird in Anbetracht der Tatsache, dass sie zum Zeitpunkt des Vertragsabschlusses höchstens als theoretische Möglichkeit existierte.[321]

6.4.1. Der Kontext von Abs. 5 AT

Nach Art. 31 Abs. 2 und 3 VCLT besteht der massgebliche Kontext aus den Bestimmungen des Vertrags selbst, gewissen völkerrechtlichen Instrumenten, die im Zusammenhang mit dem Vertrag entstanden sind, einer allfälligen einheitlichen Anwendungspraxis und zwischen den Parteien anwendbarem Völkerrecht. Im vorliegenden Fall liegen ausser dem Text der WTO-Abkommen selbst keine dieser Elemente vor.

Das Reference Paper – oder genauer: das 4. Protokoll zum GATS, das in seinem Anhang Verpflichtungslisten aufführt, von denen wiederum einige das RP enthalten – ist nicht Teil des massgeblichen Kontex-

320. Siehe unten Kapitel 9, S. 143, für eine eingehendere Auseinandersetzung mit den besonderen Problemen, die sich im Zusammenhang mit ULL und der Erbringung audiovisueller Dienste ergeben.

321. Siehe auch unten 7.2, S. 120.

tes, weil es weder zum Zeitpunkt des Vertragsschlusses des GATS entstanden ist noch sich inhaltlich mit der Auslegung des AT befasst, wie Art. 31 Abs. 2 VCLT es verlangt.[322] Es stellt auch keine Regel des Völkerrechts i. S. v. Art. 31 Abs. 3 Bst. c VCLT dar, die zwischen allen Vertragsparteien gilt, da nur 67 der rund 150 WTO-Mitglieder das RP in ihre Verpflichtungslisten aufgenommen haben. Da das RP somit ungeeignet ist, zur Ermittlung des 1994 erreichten Konsenses unter allen Vertragsparteien beizutragen, kann es allenfalls als subsidiäres Hilfsmittel zur Korrektur unsinniger Resultate unter Art. 32 VCLT herangezogen werden.[323]

Eine Beurteilung der Anwendungspraxis ist im vorliegenden Fall nicht ohne weiteres möglich, da die zahlreichen Mitglieder, welche ULL eingeführt haben, dies nicht notwendigerweise als Erfüllung einer WTO-rechtlichen Pflicht verstanden haben müssen. Der Kontext, den der Rest des AT – soweit nicht bereits berücksichtigt – und der Rest des GATS bieten, deutet nicht darauf hin, dass am bisher erreichten Resultat der Auslegung zu zweifeln ist.

6.4.2. Gegenstand und Zweck des Vertrags

Art. 31 VCLT verlangt die Auslegung eines Vertrags „in the light of its object and purpose". Eine Lehrmeinung vertritt die Auffassung, dass „the search for the object and purpose of the treaty is in reality a search for the common intentions of the parties",[324] während eine andere davon ausgeht, dass „the treaty's ‚object and purpose' is to be referred to in determining the meaning of the ‚terms of the treaty' and not as an independent basis for interpretation."[325] Im WTO-Recht ist die letztere

322. SINCLAIR, 129: „[T]he agreement or instrument ... must be concerned with the substance of the treaty and clarify certain concepts in the treaty or limit its field of application. It must equally be drawn up on the occasion of the conclusion of the treaty."

323. Siehe unten Kapitel 8, S. 141 f.

324. SINCLAIR, 130 (ablehnend).

325. So die Auffassung des Appellate Body in *Japan–Alcohol*, 12, Fn. 20.

Meinung m. E. zu Recht die vorherrschende. Denn, wie SINCLAIR festhält:

> In the case of general multilateral conventions, a search for the common intentions of the parties can be likened to a search for the pot of gold at the end of a rainbow. Many of the parties will have acceded to the treaty and for that reason alone (because they have not taken any part in the original framing of the text) must be assumed to have joined not on the basis of what the original negotiators intended but rather on the basis of what the text actually says and means. In addition, a dispute as to treaty interpretation arises only when two or more parties place differing constructions upon the text; by doing so, they are in reality professing differing intentions in regard to that text and, of necessity, professing to have had differing intentions from the very start. If this is the case, there can be no common intentions of the parties aside or apart from the text they have agreed upon. The text is the expression of the intention of the parties; and it is to that expression of intent that one must first look.[326]

Der Appellate Body hat sich denn auch deutlich gegen einen teleologischen Auslegungsansatz und dafür ausgesprochen, dass Gegenstand und Zweck des Vertrags anhand dessen Texts festzustellen sind.[327] In *US–Shrimp* rügte der Appellate Body, dass das dortige Panel in seiner Auslegung von Art. XX GATT auf einen zu breit verstandenen Zweck der WTO-Abkommen insgesamt, statt auf den Zweck des *chapeau* von Art. XX Bezug nahm.[328] Es liegt nahe, dies dahingehend zu verstehen, dass angesichts der vielfältigen und oft widersprüchlichen Zwecke, wie sie etwa aus den Präambeln der WTO-Abkommen herauszulesen sind, der Zweck der massgebenden Einzelnorm Aufschluss darüber geben kann, welcher Zweck für die Auslegung im Einzelfall massgeblich ist.[329]

Wie die Beschäftigung mit dem Text von Abs. 5 AT bereits gezeigt hat, kann dieser Norm kein Zweck zugrundegelegt werden ausser dem,

---

326. SINCLAIR, 130 f.
327. Vgl. *Japan–Alcohol* (s. Fn. 325); vgl. auch LENNARD, 27.
328. Vgl. *US–Shrimp*, Rz. 116.
329. Vgl. LENNARD, 28, dessen Auffassung nach "an analysis of the text of a provision in its context may reveal an ‚object and purpose‘ of the provision, and (through it) of the wider agreement."

den Anbietern zum Erbringen ihrer verpflichtungsgemässen Dienste zwecks Verschaffung tatsächlichen Marktzugangs die Nutzung öffentlicher Telekominfrastruktur zu ermöglichen, und gleichzeitig die Grundversorgung und die Integrität der Netze zu gewährleisten. Lehre und Rechtsprechung haben denn auch als eines der Ziele der WTO-Abkommen die Ermöglichung eines tatsächlichen Marktzugangs in Übereinstimmung mit den eingegangenen Verpflichtungen identifiziert.[330] Dass in Anerkennung der Besonderheiten des Telekomsektors eine Norm geschaffen wurde, die zwecks Marktzugang die Nutzung öffentlicher Infrastruktur explizit garantiert, ist ein deutlicher Hinweis darauf, dass in diesem Sektor das Ziel des effektiven Marktzugangs vor anderen möglichen Zielen, wie der nationalen Regulationsautonomie nach dem 4. Rezitativ der Präambel zum GATS, Vorrang geniesst. ULL, das den effektiven Marktzugang in Bezug auf xDSL-Dienste erst ermöglicht, ist demzufolge in Übereinstimmung mit Ziel und Gegenstand der WTO-Verträge.

6.4.3. Guter Glauben[331]

Art. 31 Abs. 1 VCLT verlangt eine Auslegung des Vertrags in gutem Glauben, ebenso wie Art. 26 VCLT die Befolgung von Verträgen in gutem Glauben verlangt. Die Gutglaubensregel ist, wie aus dem Wortlaut von Art. 26 und den Materialien der VCLT ersichtlich,[332] Ausdruck des Grundsatzes *pacta sunt servanda*. Sie „underlies the concept that interpretation should not lead to a result which is manifestly absurd or unreasonable“.[333] COTTIER und SCHEFER fassen die Gutglaubensregel allgemein als Forderung nach „honesty of purpose“ in der Rechtsanwendung auf und verstehen darunter namentlich das Verbot des Rechtsmissbrauchs und das Gebot des Schutzes legitimer Erwartungen.[334]

---

330. Vgl. WAINCYMER, 444; vgl. auch *US-Section 301*, Rz. 7.73.
331. Der Autor dankt Prof. C. B. GRABER für den Hinweis auf diese Problematik.
332. Vgl. SINCLAIR, 119.
333. A.a.O., 120.
334. Vgl. COTTIER / SCHEFER, 50.

Vor dem Hintergrund der eben erfolgten Auslegung des AT kann nicht behauptet werden, dass die Einforderung entbündelten Zugangs zum local loop derart abwegig ist, dass sie gleichsam rechtsmissbräuchlich wäre.[335] Die Gebotenheit von ULL ist vielmehr Ausdruck des unzweideutigen Willens der Vertragsparteien, Diensteanbietern nach Massgabe der jeweiligen Verpflichtungen Zugang zur öffentlichen Telekominfrastruktur zu gewähren, damit sie ihre Dienste anbieten können. Indem sie sich sachgerecht für eine offene und technologieneutrale Formulierung des Zugangsrechtes und gegen eine abschliessende Liste aller zulässigen Zugangsformen entschieden, trugen die Parteien der schon 1994 absehbaren schnellen Veränderung des Telekommarktes Rechnung.

Ebenso kann in der Gebotenheit von ULL keine Verletzung legitimer Schweizer Erwartungen gesehen werden. Selbst wenn subjektive Erwartungen, die nicht aus den Abkommen selbst ersichtlich sind, im WTO-Recht zu schützen wären, was sie dem Appellate Body zufolge nicht sind,[336] ist nicht ersichtlich, wie die Vertragsparteien angesichts eines offen und eindeutig formulierten Vertragstexts und dem schnellen technologischen Wandel in gutem Glauben davon hätten ausgehen können, dass der AT nur auf damals bekannte oder gängige Zugangsmodi Anwendung finden würde. Dies gilt für die Schweiz um so mehr, als dass sie noch 1997 so weitreichende Verpflichtungen wie nur möglich einging, was jedenfalls nicht gerade für die Annahme spricht, dass sie den für gewisse Dienste notwendigen Zugang nicht gewähren wollte. So betrachtet, würde die Schweiz gegen die Grundsätze des guten Glaubens und *pacta sunt servanda* verstossen, würde sie ihre eigene Kurzsichtigkeit im Eingehen von Verpflichtungen vorschieben, um ihren völkerrechtlichen Pflichten zu entgehen.

---

335. „The doctrine prevents a Party ... from exercising its rights in a way that is unreasonable in light of the spirit of the agreement". (COTTIER / SCHEFER, 51)

336. Vgl. *India-Patents*, Rz. 45; *EC-LAN*, Rz. 83; vgl. allgemein COTTIER / SCHEFER 59 ff. Legitime Erwartungen sind der Rsp. zufolge nur im Kontext so genannter *non-violation complaints* relevant; vgl. die zitierte Rsp. und WAINCYMER, 432 f., 445.

6.5. Zusammenfassung und Konsequenz

Wie wir festgestellt haben, ist die Schweiz nach Abs. 5 des AT verpflichtet, WTO-ausländischen Telekomanbietern zur Erbringung von xDSL-Diensten *shared access* oder gegebenenfalls *full access* zum local loop zu gewähren. Diese Verpflichtung ergibt sich aus der Anwendbarkeit des ATs auf Telekomdienste, den weitgehenden Schweizer Verpflichtungen im Telekombereich und dem Umstand, dass xDSL-Dienste ohne ULL *de facto* nicht erbracht werden können.

Dieses Resultat ist bemerkenswert, weil es zeigt, dass der AT *in nuce* bereits einen fast vollständigen Rechtsrahmen für die Telekomregulation, und insbesondere das allgemeine *technologieneutrale Zugangsrecht*, das in den neueren Rechtsordnungen der OECD-Staaten zu finden ist, enthält. Die zusätzlichen Verpflichtungen, die ein Teil der WTO-Mitglieder später im *Reference Paper* eingegangen ist, können schon rein konzeptuell die Verpflichtungen, die aus den hierarchisch höher stehenden Normen des AT erwachsen, nicht derogieren, wohl aber sie ergänzen. Es dürfte aber angebracht sein, das RP als Hilfsmittel der Auslegung heranzuziehen, um sachwidrig weite Auslegungen des Textes des AT einzuschränken.[337]

Trotz seiner weitreichenden Verpflichtungen ist der AT, so ausgelegt, kein Vehikel zur Telekomliberalisierung durch die Hintertür und gegen der Willen der WTO-Mitglieder, die 1994 grossmehrheitlich noch keine Marktöffnung im Basistelekombereich wollten, denn sein diesbezüglicher Gehalt bestimmt sich vollständig nach den spezifischen Verpflichtungen, die die Mitglieder später eingegangen sind.

337. Siehe unten Kapitel 8, S. 141, zur Frage des Zusammenwirkens von AT und RP.

7. Entbündelter Zugang im Reference Paper 1998

Im vorigen Kapitel wurde festgestellt, dass ULL unter das Zugangsrecht des Abs. 5 AT fällt. Nun ist zu prüfen, ob sich ein Anspruch auf ULL auch aus dem *Reference Paper* (RP) der Negotiating Group on Basic Telecommunications herleiten lässt, welches von den meisten WTO-Mitgliedern, die an den Verhandlungen zum 4. Protokoll zum GATS teilnahmen, in ihre Verpflichtungsliste übernommen wurde.

Das RP stellt einen „regulatorischen Rahmen für die Basis-Telekomdienste“[338] dar. Als zusätzliche Verpflichtung im Sinne von Art. XVIII GATS ist es bemerkenswert, weil es – ein Novum im WTO-Recht – eine umfassende Verpflichtung zur *Verhinderung wettbewerbswidriger Praktiken* Privater enthält. In Anbetracht der besonderen wettbewerbsrechtlichen Probleme des Telekommunikationssektors[339] ist dies eine Voraussetzung für die Realisierung der von den Mitgliedern eingegangenen Verpflichtungen zur Marktöffnung.

Für unsere Problematik – den entbündelten Zugang zum local loop in Bezug auf die Erbringung von DSL-Breitbanddiensten – sind zwei Bestimmungen relevant: die Interkonnektionsverpflichtung des Abs. 2 RP und, subsidiär, die wettbewerbsrechtlichen Grundsätze des Abs. 1 RP.

---

338. Einleitungssatz des RP, siehe S. 171 unten (Übersetzung des Autors).
339. 3.1, S. 17.

7.1. Abs. 2 des Reference Paper: Interkonnektion

7.1.1. Auslegung des Interkonnektionsbegriffs gestützt auf den Wortlaut

Abs. 2 RP besteht aus einem *chapeau*, Abs. 2.1, der den zentralen Begriff der *Interkonnektion* definiert und damit den Anwendungsbereich des Abs. 2 einschränkt, und Abs. 2.2, welcher festlegt, wie und unter welchen Umständen Interkonnektion zu gewähren ist. Wir müssen zunächst prüfen, ob der entbündelte Zugang zum local loop eine Form der Interkonnektion im Sinne des RP darstellt. Abs. 2.1 RP hält fest:

> This section applies, on the basis of the specific commitments undertaken, to linking with suppliers providing public telecommunications transport networks or services in order to allow the users of one supplier to communicate with users of another supplier and to access services provided by another supplier.

Abs. 2. RP, und somit die Interkonnektionsverpflichtungen, finden nach Abs. 2.1 Anwendung auf ein Verbinden mit Anbietern von Telekomassets, welches dazu dient, Benutzern eines Anbieters zu ermöglichen, mit Benutzern eines anderen Anbieters zu kommunizieren *und* Dienste eines anderen Anbieters in Anspruch zu nehmen.

7.1.1.1. Das „linking“ mit Anbietern

Zunächst ist fraglich, ob ULL überhaupt die Definition des RP von „linking with suppliers“ erfüllt. Dies würde bedeuten, dass „linking“ bzw. „verbinden“ nicht nur die Zusammenschaltung im Sinne des Austauschs von Informationen umfasst, sondern auch die eigenständige Benutzung von Ressourcen des Anderen für eigene Zwecke. Die gewöhnliche Bedeutung des Worts lässt daran zweifeln.[340] Auch die technische Bedeutung von „linking“, die das Panel in *Mexico–Telecommunications* nachwies, weist darauf hin, dass „linking“ der Kommunikation dienen soll, nicht auch der Inanspruchnahme von Ressourcen.[341]

Das Panel in *Mexico–Telecommunications*, das zu entscheiden hatte, ob das Terminieren internationaler Telefongespräche in Mexiko eine Form der Interkonnektion ist, stellte auch fest, dass „the ‚linking' referred to in Section 2.1 falls under the Section 2 heading of ‚interconnection', and is therefore informed by this term."[342] Zur Auslegung des Begriffs der Interkonnektion zog das Panel u.a. ein technisches Wörterbuch sowie die Definition in Art. 2 Bst. b der EU-Zugangsverordnung von 2002 heran und kam zum Schluss, dass Interkonnektion auch international erfolgen kann.

Dieses Ergebnis ist im vorliegenden Fall nicht von Bedeutung, wohl aber die vom Panel zu Rate gezogenen Quellen. Das von ihm verwendete Wörterbuch definiert Interkonnektion als „the linking together of interoperable systems. The linkage used to join two or more communications units, such as systems, networks, links, nodes, equipment, circuits, and devices."[343] Auch hier findet sich kein Hinweis auf eine Nutzung, die übers Zusammenkoppeln von Systemen hinausgeht. Zusätzlich nahm das Panel Rückgriff auf die Bedeutung des Begriffs im EU-Telekomrecht. Dies ist naheliegend, denn, wie SHERMAN, die US-Unterhändlerin in den Verhandlungen zum RP, festhält:

---

340. In *Mexico–Telecommunications* führt das Panel aus: „The general dictionary meaning of ‚link' is ‚a connecting part, whether in material or immaterial sense; a thing (occas. a person) serving to establish or maintain a connexion; a member of a series or succession; a means of connexion or communication.' Similarly, the meaning of the verb form of ‚link' is ‚to couple or join with', and the phrase ‚to link up with' includes ‚by means of transport or system of communication'. The dictionary meaning of the term link thus suggests that linking can involve any kind of connection between networks. The ordinary meaning of linking is broad and does not, in particular, imply any particular location of the object being linked." (Rz. 7.102)
341. „This ordinary meaning of link is consistent with the definition provided by a telecom glossary of a link as ‚a general term used to indicate the existence of communications facilities between two points'" (*Mexico–Telecommunications*, Rz. 7.102).
342. *Mexico–Telecommunications*, Rz. 7.108.
343. ATIS Telecom Glossary, „Interconnection".

> The negotiators did not try to define the scope of the many obligations contained in this paragraph. Thus the meaning of „timely," „cost-oriented," „sufficiently unbundled," „reasonable," „unbundled," and „economic feasibility" will only be determined in dispute settlement. By using concepts taken from the Telecommunications Act and the EU Interconnection Directive, at least some of the negotiators hoped that the interpretation of these words, as in the United States and Europe, could be precedents for interpretation in the WTO context.[344]

MATHEW bestätigt denn auch, dass der Interkonnektionsbegriff des RP „very close" zu den US- und europäischen Regeln ist.[345] Die vom Panel herangezogene Definition der Interkonnektion in der EU-Zugangsrichtlinie (reproduziert auf S. 23) ist daher am aufschlussreichsten. Sie ist zunächst dieselbe wie die Definition der früheren Zusammenschaltungsrichtlinie, und soweit praktisch identisch mit Abs. 2.1 RP. Die Zugangsrichtlinie präzisiert aber: „Zusammenschaltung ist ein Sonderfall des Zugangs und wird zwischen Betreibern öffentlicher Netze hergestellt." Der „Zugang" endlich ist in der Definition der Zugangsrichtlinie das, was mit ULL erzielt werden soll, und was, wie gezeigt wurde, dem Konzept des Zugangs im AT entspricht, nämlich „die ... Bereitstellung von Einrichtungen ... für ein anderes Unternehmen ..., zur Erbringung elektronischer Kommunikationsdienste."[346] Auch der U.S. Telecommunications Act behandelt entbündelten Zugang als separaten Tatbestand und nicht als Teil der Interkonnektionsverpflichtung.[347] Die FCC hat die Interkonnektionsverpflichtung des Telecommunication Act daher eng als „the physical linking of two networks for the mutual exchange of traffic" definiert.[348] Das Panel endlich ging in der Abgrenzung zwischen den Verpflichtungen des RP und den des AT ebenfalls davon aus, dass Interkonnektion nach RP nur einen Teilbereich des Zugangs nach AT regelt:

344. SHERMAN, 80.
345. MATHEW, 159.
346. Zugangsrichtlinie, Art. 2 Bst. a) (reproduziert auf S. 24).
347. 47 U.S.C. 251: Interkonnektion wird in Abs. (c)(2) behandelt, entbündelter Zugang in Abs. (c)(3). Siehe S. 22 und 45.
348. MATHEW, 159.

> We consider therefore that rates charged for access to and use of public telecommunications transport networks and services may still be „reasonable", even if generally higher than rates for interconnection that are cost-oriented in terms of Section 2.2(b) of Mexico's Reference Paper. If this were not the case, it would have been redundant for Members to have made commitments additional to Annex obligations on access, especially on cost-oriented rates for interconnection, one of the most important forms of access.[349]

SHERMAN stellt dar, dass die EU die Definition der Zusammenschaltungsrichtlinie unverändert übernehmen und von „physical and logical linking" sprechen wollte, was sich aber nicht durchsetzte, denn „‚linking' without any modifiers was broader and covered contingencies such as satellite links, leased lines, closed user groups, facilities-based services and resale, and some not yet created."[350] Damit kann allerdings kaum gemeint sein, dass der *Inhalt* des Begriffs „linking" auch ganz unbestimmte *Prozeduren* i.S.v. „contingencies ... not yet created" umfassen sollte, denn eine solche Verpflichtung wäre letztendlich unbestimmbar weit. Es ist wohl davon auszugehen, dass der Umstand, dass „linking" nicht weiter qualifiziert wurde, bezwecken sollte, dass der *Gegenstand* des „linking" weit genug gefasst werden sollte, um den Datenaustausch zwischen ganz verschiedenartigen Systemen zu ermöglichen.

7.1.1.2. Die Bedingungen des „linking"

Das Zwischenergebnis, dass „Interkonnektion" weniger weit geht als (z.B. entbündelter) „Zugang", bestätigt sich, wenn wir nun die beiden Bedingungen betrachten, die ein „linking" beide erfüllen muss, damit es Interkonnektion i.S.v. Abs. 2 RP darstellt. ULL erfüllt in allen seinen Formen schon die erste nicht, da ULL nicht „in order to allow the users of one supplier to communicate with users of another supplier" unternommen wird. Die Möglichkeit zur Kommunikation zwischen den Benutzern der öffentlichen Telekomnetze ist von ULL unabhängig, denn über gebündelt zugängliche Leitungen lassen sich Telefonanrufe und E-

---

349. *Mexico–Telecommunications*, Rz. 7.334.
350. SHERMAN, 78.

Mails genauso austauschen wie über entbündelt zugängliche. Die new entrants, die ULL verlangen, wollen ihren Kunden nicht den Zugang zu mehr Kommunikationspartnern eröffnen, sondern ihnen mehr und bessere Dienste anbieten können. Dieser Anspruch wird aber vom Interkonnektionsbegriff des Abs. 2.1 RP nicht erfasst.

Nun kann es sehr wohl sein, dass die *Dienste*, die der *new entrant* über entbündelt zugängliche Leitungen anbieten will, ihrerseits neuartige Möglichkeiten der Kommunikation beinhalten, etwa Chatforen, Multiplayer-Computerspiele, Videokonferenzen etc. Solche Dienste sind entweder offener Natur, d.h. sie sind auch anderen Benutzern als den Kunden des *new entrant* zugänglich (z.B. über das Internet), oder sie sind proprietär, d.h. sie sind nur den Kunden des *new entrant* zugänglich. Sind die Dienste offen, braucht es kein ULL, damit die Kommunikation zwischen den Nutzern dieser Dienste stattfindet, denn die Dienste können auch von Benutzern genutzt werden, die über gebündelt zugängliche Leitungen mit dem Internet verbunden sind. Sind sie proprietär, kann die Kommunikation nur zwischen den Kunden des *new entrant* stattfinden, und nicht, wie von Abs. 2.1 RP gefordert, mit Kunden anderer Anbieter. Schlussendlich ist Interkonnektion zur Verbindung solcher Mehrwertdienste wohl ausserhalb des Geltungsbereichs des RP, der sich auf Basisdienste beschränkt.

Die zweite Bedingung erfüllt jedenfalls *full access* nicht. *Shared access* und *bitstream access* ermöglichen zwar Personen, die Voiceband-Telefonie noch vom *incumbent* beziehen und somit dessen Benutzer sind, Breitbanddienste des *new entrant*, also eines anderen Anbieters, zu beziehen. Bei *full access* dagegen ist die Person am anderen Ende der entbündelten Leitung gar nicht mehr Benutzerin von Basistelekomdiensten des *incumbent*, da sie alle solchen vom *new entrant* bezieht. *Full access* erlaubt damit nicht, dass Basisdienste eines Anbieters von den Benutzern eines Anderen bezogen werden können, weil der Benutzer bei *full access* nur noch Basisdienste eines einzigen Anbieters bezieht.

7.1.2. Der Kontext von Abs. 2.2 RP

Die Auslegung von Abs. 2.1 RP nach der gewöhnlichen und besonderen Bedeutung der Begriffe kommt zum Ergebnis, dass ULL kein Fall der Interkonnektion ist. Weil sich Abs. 2.2 RP nur auf „such interconnection" bezieht, wäre ULL damit nicht von Abs. 2 RP erfasst. Zunächst ist aber zu prüfen, ob der Interkonnektionsbegriff im Kontext von Abs. 2.2 RP nicht doch noch weiter zu fassen ist. Vom Wortlaut her interessant ist Abs. 2.2(b) RP, der bestimmt:

> Such interconnection is provided: ...
> (b) in a timely fashion, on terms, conditions (including technical standards and specifications) and cost-oriented rates that are transparent, reasonable, having regard to economic feasibility, and sufficiently unbundled so that the supplier need not pay for network components or facilities that it does not require for the service to be provided;

Die Norm kann so gelesen werden, dass sich das „unbundled" auf die „rates", also die Interkonnektionskosten, bezieht, oder so, dass die Interkonnektion selbst „unbundled" zu sein hat. Einige Autoren vertreten die erste Auffassung,[351] andere die zweite.[352]

Um festzustellen, was gemeint ist, muss der Begriff „unbundled" ausgelegt werden. Dessen gewöhnliche Bedeutung hilft nicht weiter, da sie das separate Anbieten wie auch nur das separate Verrechnen der Elemente eines Dienstebündels umfasst.[353] Regulatorisch bedeutet Entbündelung, wie erwähnt, die Trennung von Wertschöpfungsstufen,[354] was wiederum im Zusammenhang von Kostenentbündelung oder entbündeltem Zugang relevant sein kann.[355]

Um festzustellen, welche besondere Bedeutung die Mitglieder dem Begriff „unbundled" zumassen, bietet es sich erneut an, einen Blick ins

351. Vgl. KOENIG / BRAUN, 17, wohl auch SHERMAN, 80.
352. Vgl. MATHEW, 167.
353. OED: „*unbundled, ppl. a.*: 1. Designating or offered under a retailing system in which related goods or services are *marketed or priced* as individual items rather than invariably as part of a package or ‚bundle'" (Hervorhebung des Autors).
354. Siehe oben 3.3.3, S. 24.
355. Siehe oben S. 26.

EU- und US-Recht zu werfen. SHERMAN führt aus, dass „The wording [von Abs. 2.2(b) RP] is taken directly from Article 7, paragraph 4 of the EU Interconnection Directive and also tracks the Telecommunications Act.“[356] Diese EU-Richtlinie bestimmt:

> Charges for interconnection shall, in accordance with Community law, be sufficiently unbundled, so that the applicant is not required to pay for anything not strictly related to the service requested.[357]

Auch die anderen Bezüge dieser Richtlinie auf ein „Unbundling“[358] beziehen sich stets auf die Entbündelung der Interkonnektionskosten selbst. Die Richtlinie verpflichtet den *incumbent* also nur zur Kostenentbündelung, nicht zum entbündelten Anbieten einzelner Elemente.[359] MATHEW kommt in seiner Analyse des RP so auch zum Schluss, dass „Paragraph 2.2 (b) RP requires interconnection rates to be sufficiently unbundled. This allows the applicant to acquire only those services nee-

---

356. SHERMAN, 80.

357. Zusammenschaltungsrichtlinie, Art. 7 Abs. 4. Um den Vergleich mit dem RP zu vereinfachen, wird hier der englische Text herangezogen.

358. 8. Begründungserwägung: „whereas financial contributions related to the sharing of universal service obligations should be unbundled from charges for interconnection;“; 10. Begründungserwägung: „whereas organizations with significant market power must be able to demonstrate that their interconnection charges are set on the basis of objective criteria and follow the principles of transparency and cost orientation, and are sufficiently unbundled in terms of network and service elements offered;“; Art. 7 Abs. 6: „6. Where they exist, charges related to the sharing of the cost of universal service obligations, as described in Article 5, shall be unbundled and identified separately.“

359. SCHULTZ vertritt ebenso die Auffassung, dass entbündelter Zugang nicht unter den Begriff der Zusammenschaltung der Richtlinie fällt (vgl. SCHULTZ, 42–46). Er ist dagegen der Meinung, dass (entgegen der damaligen Ansicht der Kommission) entbündelter Zugang als „besonderer Netzzugang“ nach Art. 4 Abs. 2 der Richtlinie zu gewähren ist (vgl. a.a.O., 46–48). Dieser Art. verpflichtet *incumbents* zur Gewährung von „access to the network including access at points other than the network termination points offered to the majority of end-users.“ Abs. 2.2(c) RP, der ähnlich formuliert ist, verlangt aber nicht die Gewährung von „Zugang“ an solchen Punkten, sondern erneut nur die Gewährung von Interkonnektion.

ded to service its customers. Consequently, it does not need to pay for network components or facilities not required for its services."[360]

Kann dieser Verpflichtung zur sachgerechten Kostenberechnung ein Recht auf entbündelten Zugang entnommen werden? Die Literatur (die allerdings sämtlich vor *Mexico–Telecommunications* erschienen ist), scheint mehr oder weniger implizit hiervon auszugehen.[361] Die Problematik des entbündelten Zugangs kann tatsächlich als Sonderfall der Interkonnektion verstanden werden: weil eine Zusammenschaltung stets den Anschluss von Geräten bedingt, ist entbündelter Zugang dieser Auffassung zufolge nichts anderes als Interkonnektion durch Anschluss der Geräte an einem besonderen Ort: am MDF des local loop selbst. Der Text von Abs. 2.2 RP, der Interkonnektion an „any technically feasible point in the network" und in Abs. 2.2(c) RP, auch an anderen Stellen als Endbenutzer-NTPs erlaubt, steht dieser Auslegung nicht entgegen. Auch die Pflicht des *incumbent* nach Abs. 2.2(a) RP, dem *new entrant* keine schlechteren Bedingungen aufzuerlegen als für die eigenen Dienste, würde die Auffassung erlauben, dies bedeute, dass der *new entrant* seine DSLAMs ebenso an den local loop anschliessen dürfe wie der *incumbent* selbst.

Der hier vertretenen Auffassung zufolge spricht jedoch mehr dafür, im Einklang mit dem US- und EU-Recht Interkonnektion und entbündelten Zugang getrennt als Sonderfälle des Zugangs zu behandeln:

- Zunächst bedeutet die Struktur von Abs. 2 RP (2.1: „this section applies" / 2.2: „such interconnection is provided"), dass der Interkonnektionsbegriff, wie er in Abs. 2.1 definiert wurde, für Abs. 2.2 massgebend ist und nicht *vice versa.* Würden Bestimmungen des Abs. 2.2 durch das Ergebnis der Auslegung von Abs. 2.1 *inutile*, wäre dies erst ein Hinweis darauf, dass Abs. 2.2 als Kontext zur Auslegung von Abs. 2.1 heranzuziehen ist. Die Bestimmungen von Abs. 2.2 bleiben aber auch allesamt für Fälle der (eng verstandenen) Interkonnektion relevant. So ist auch ein Ferngesprächeanbieter, der seine Anrufe

360. MATHEW, 167.

361. Vgl. MATHEW, 167; GRABER, 238; ComCom 2004, 24; KLEY, WTO, 509 (jedoch die direkte Anwendbarkeit ablehnend); CLERC, 246 (nur bezüglich *shared access*).

lokal terminieren will (wie in *Mexico–Telecommunications* der Fall), auf Nichtdiskriminierung angewiesen sowie darauf, dass ihm nichts Unnötiges in Rechnung gestellt wird und dass er sich an einem anderen Ort als einer Endbenutzer-Telefonbuchse ins Netz einklinken kann (nämlich in einer Schaltzentrale).

- Der Wortlaut von RP 2.2(c) verlangt, dass die Kosten genügend entbündelt zu sein haben, *damit* für nichts Unnötiges zu bezahlen ist. Diese Regel bestimmt nur, wie die Kosten für die Leistungen, die der *new entrant* beziehen darf, zu berechnen sind. Sie sagt nichts darüber aus, *welche* Leistungen der new entrant beziehen darf. Dies bestimmt sich weiterhin nach der Massgabe von Abs. 2.1 RP.
- Nach Abs. 2.2(c) RP dürfen nur die Kosten verrechnet werden, die notwendig sind „for the service to be provided". Der Umstand, dass nicht die klarere Formulierung „to provide the service" gewählt wurde, und die Formulierung der Zugangsrichtlinie, die verlangt, dass „the applicant is not required to pay for anything not strictly related to the service requested",[362] legt nahe, dass mit „the service" der *Dienst des incumbent* gemeint ist, den er zwecks Interkonnektion für den *new entrant* erbringt. So erbringt z.B. ein lokaler Telekomanbieter für den ausländischen Ferngesprächsanbieter (um wieder das Beispiel aus *Mexico–Telecommunications* zu verwenden) den Interkonnektionsdienst der Terminierung des ausländischen Anrufs im eigenen Netz.[363] Es ist sachgerecht, dass die dem *new entrant* verrechneten entbündelten Kosten die des Dienstes sind, den der *incumbent* für ihn erbringt. Im Falle von *full* und *shared access* erbringt der *incumbent* aber gerade keinen Dienst für den *new entrant*, da dieser den local loop für seine eigenen Dienste nützen will. Somit fehlt es an einer Basis für die Anwendung von Abs. 2.2(b) RP.
- Behandelt man entbündelten Zugang als Interkonnektion, betrachtet man nur den physischen Verbindungsaspekt der Interkonnektion. Kern der Interkonnektion ist aber, wie gezeigt wurde,[364] die Verbindung von Netzen zum Zusammenwirken bzw. zum Informationsaus-

362. Siehe oben S. 116.
363. Vgl. *Mexico–Telecommunications*, Rz. 7.152.
364. Siehe oben S. 110.

tausch. Bei *full* und *shared* access will der *new entrant* aber nicht mit dem Netz des *incumbent* kommunizieren, sondern sich bloss einen Teil davon zur eigenen, getrennten Nutzung aneignen.

- Auch im EU-Recht versuchte die Kommission noch 2000 in einer Empfehlung, entbündelten Zugang gestützt auf die Zusammenschaltungsrichtlinie einzuführen,[365] welche, wie gezeigt wurde, *grosso modo* der Regelung des RP entspricht. Da sich diese Rechtsgrundlage als ungenügend erwies, musste in Rekordzeit die Entbündelungsverordnung erarbeitet werden.[366] Somit kann jedenfalls nicht von einer Anwendungspraxis des RP (oder ihm äquivalenter Regeln) im Sinne des Gebotenseins von ULL gesprochen werden.
- Schliesslich ist, jedenfalls in den letzten Jahren, eine klare konzeptuelle Trennung zwischen „Interkonnektion" und der Oberkategorie „Zugang" entstanden. Diese findet sich bereits im U.S. Telecommunications Act[367] und deutlich im neuen EU-Rechtsrahmen.[368] Auch das Panel ging in *Mexico–Telecommunications* hiervon aus.[369] Würde man nun eine Form des Zugangs wieder unter Interkonnektion subsumieren, würde man gegen die etablierte Terminologie verstossen.

7.1.3. Resultat der Auslegung

Damit fällt ULL dem Wortlaut von Abs. 2.1 zufolge, betrachtet im Kontext von Abs. 2.2, nicht unter die Interkonnektionspflicht von Abs. 2 RP. Weder die prozeduralen Bestimmungen von Abs. 2.3-2.5 RP noch die anderen Normen des RP geben Hinweise zur Auslegung des Gehalts der Interkonnektionspflicht. Der AT und der Rest des GATS bieten hierfür auch keinen geeigneten Kontext, da der AT, wie das Panel fest-

---

365. Vgl. CLERC, 248.
366. Vgl. CLERC, 248 f.
367. Siehe oben S. 22 bzw. 45.
368. Siehe oben S. 22.
369. Siehe oben S. 113.

hielt, Verpflichtungen zum Zugang allgemein, und nicht zum Sonderfall der Interkonnektion, enthält.[370]

Ein Verpflichtung zur Gewährung von ULL wäre durchaus im Einklang mit Gegenstand wie Ziel der WTO-Abkommen[371] und auch (wie zu zeigen sein wird) des RP im Besonderen. Da das „object and purpose" eines Vertrags aber keine selbstständige Interpretationsgrundlage ist, ist eine teleologische Auslegung *contra verba legis* unzulässig.[372] Die Interkonnektionsregeln des RP verschaffen daher keinen Anspruch auf entbündelten Zugang – zumindest nicht in direkter Anwendung. Die Auslegung der Wettbewerbsregeln wird uns jedoch wieder auf sie zurückführen.

7.2. Zwischenspiel: Die Auflösung eines Paradoxons

Das bisher erreichte Resultat mutet widersprüchlich an: Abs. 5 AT soll zu ULL verpflichten, das neuere, weitgehendere und präzisere Interkonnektionsrecht des RP aber nicht? Wie lässt sich das mit dem Umstand vereinbaren, dass die Mitglieder 1994 keinen Konsens schon nur über die Liberalisierung ihrer Telekommärkte erreichen konnten, und dass erst 1997 die Fortschrittlichsten unter ihnen sich zu einem regulatorischen Rahmen für den Telekommarkt zusammenraufen konnten?

Die nun folgende Erklärung ist etwas spekulativ, weil die Materialien zu den vertraulichen Verhandlungen fehlen; sie stützt sich jedoch auf die technische und regulatorische Entwicklung in den neunziger Jahren. Mit grösster Wahrscheinlichkeit war die Problematik des entbündelten Zugangs, sowohl 1994 wie auch noch 1997 *kein Thema.* 1994, beim Abschluss des AT, war DSL für Privatanwender ebenso unerschwinglich wie, bedenkt man den damaligen Entwicklungsstand des

370. Siehe oben S. 113.
371. Siehe oben 6.4.2, S. 104.
372. Siehe oben 6.4.2, S. 104 f.

Internet, uninteressant. 1997 begann DSL erst, für KMU und andere grössere Telekomkunden eine Alternative zu teuren Mietleitungen darzustellen. Der U.S. Telecommunications Act war verabschiedet, infolge hängiger Gerichtsverfahren war aber noch keine Leitung entbündelt worden.[373] Die Autoren des RP griffen jedoch für die zentralen Konzepte des RP nicht auf den US-Act, sondern auf den EU-Rechtsrahmen der 90er Jahre zurück, der ULL nicht vorsah.

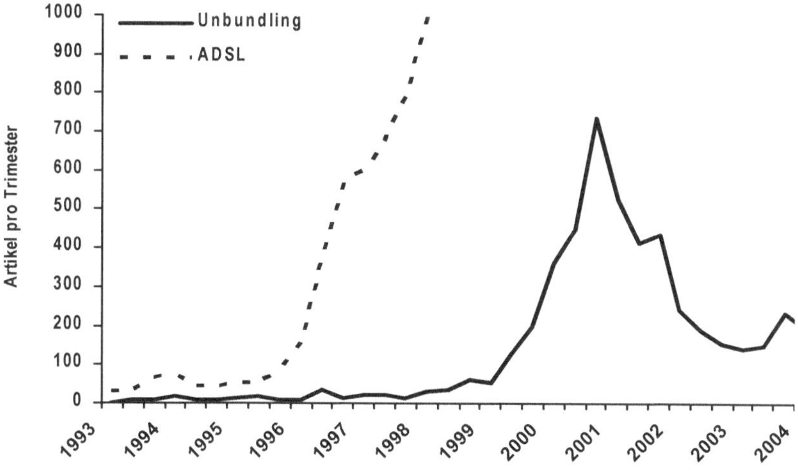

Grafik 1: Bekanntheitsgrad von Local Loop Unbundling und ADSL[374]

Grafik 1 dient zur Illustration des Gesagten. Die beiden Grafen zeigen, wie oft das Unbundling des Local Loop und die Technologie ADSL von 1993 bis 2004 in der englischsprachigen Presse auftauchten. Sie vermögen einen groben Aufschluss darüber zu geben, ab wann die beiden

373. Siehe oben 3.6.1, S. 45.

374. Gemessen werden die Anzahl Artikel pro Trimester (Jan.–Apr., Mai–Aug., Sept.–Dez.), die die Begriffe „ADSL“ bzw. „unbundling“ und „local loop“ enthalten. Die Datenquelle ist „News, All (English, Full Text)“ (ALLNWS) der Datenbank LEXIS/NEXIS (http://web.lexis-nexis.com/professional/), welche rund 1850 englischsprachige Volltextquellen aus aller Welt umfasst. Für ADSL existieren ab dem 1.1.1998 mehr als 1’000 Artikel pro Trimester.

Themen im Bewusstsein der Öffentlichkeit (und somit vermutlich der Wirtschaft und der Handelsdiplomaten) auftauchten.

Die Grafik lässt darauf schliessen, dass ADSL, und mit ihm die technische Notwendigkeit für ULL, gerade erst den Durchbruch zu erleben begann, als das RP ausgehandelt wurde. Die Entbündelung des local loop begann überhaupt erst ab etwa 1999 zum Thema zu werden, als (A)DSL-Geräte für Privatanwender erschwinglich wurden. Dies ist auch die Zeit der wesentlichen regulatorischen Fortschritte in Sachen ULL – die Ausführungsbestimmungen der FCC zum entbündelten Zugang[375] und die Erarbeitung der Entbündelungsverordnung der EU.[376] Kurz: niemand hatte die Absicht, weder 1994 noch 1997, sich konkret zu ULL zu verpflichten: 1994, weil das Problem nicht existierte, 1997, weil, wenn überhaupt jemand daran dachte, die Idee zu neu und unerprobt war, als dass man die Verhandlungen mit einer weiteren „hot potato“ hätte belasten mögen.

Wie ist es denn möglich, aus dem Resultat dieser Verhandlungen dennoch eine Verpflichtung zu ULL abzuleiten? Weil die WTO-Mitglieder in der Gestalt von Abs. 5 AT und Abs. 1 RP *abstrakte, technologieneutrale Verpflichtungen* eingegangen sind, denen ihr unzweideutiger Konsens zugrundeliegt, Diensteanbietern den notwendigen Marktzugang zu verschaffen und marktbeherrschende Anbieter an der Monopolisierung nachgelagerter Märkte zu hindern. ULL war 1994 und 1997 nicht Gegenstand eines expliziten Konsenses, weil es als Problem nicht existierte oder zu neu war. Konsens bestand aber in Bezug auf die auch für ULL grundlegenden Fragen des Marktzugangs und (wie nun zu zeigen sein wird) des Wettbewerbs. Jetzt, da ULL sich als Problem manifestiert hat, gilt es, die damals vereinbarten Regeln auf den local loop anzuwenden.

---

375. Siehe oben 3.6.1, S. 45.
376. Siehe oben 3.6.2, S. 46.

7.3. Abs. 1 des Reference Paper: Wettbewerbsrecht

7.3.1. Ausgangslage

Wie bereits erwähnt, stellt Abs. 1 RP das einzige genuine Wettbewerbsrecht der WTO dar.[377] Infolge seiner im Vergleich zu nationalen Wettbewerbsregeln geringen Regelungsdichte, seiner relativen Neuheit sowie seiner Beschränkung auf einige WTO-Mitglieder und einen Sektor hat Abs. 1 RP in der wettbewerbsrechtlichen Literatur und Praxis noch kaum vertiefte Beachtung gefunden.[378] Vor den Streitbeilegungsorganen der WTO kam Abs. 1 RP bis anhin nur in *Mexico–Telecommunications* zur Anwendung. Das Panel entschied in diesem Fall, dass der Umstand, dass das mexikanische Recht horizontale Preisabsprachen unter den Telekomanbietern nicht nur nicht verhindert, sondern im Gegenteil vorschreibt, einen Verstoss gegen Abs. 1.1 RP darstellt.

Abs. 1.1 RP schreibt vor, dass die Mitglieder angemessene Massnahmen aufrechterhalten müssen, um gegenwärtiges oder zukünftiges wettbewerbswidriges Verhalten bedeutender Anbieter zu verhindern:

> *1.1 Prevention of anti-competitive practices in telecommunications*
>
> Appropriate measures shall be maintained for the purpose of preventing suppliers who, alone or together, are a major supplier from engaging in or continuing anti-competitive practices.

---

377. Art. IX GATS erfordert lediglich Konsultationen zwischen den Mitgliedern im Falle angeblich wettbewerbshemmender Verhaltensweisen von Diensteanbietern, enthält aber keine Verpflichtungen, solche Verhaltensweisen zu unterbinden. Vgl. CLERC, 232.
378. Siehe aber allgemein BRONCKERS; MCLARTY, 48–53; NAFTEL / SPIWAK, 109 f.; MATHEW, 124 ff.; BRONCKERS / LAROUCHE, 22 ff.; SHERMAN, 71 ff.

7.3.2. Der Umfang der Verpflichtung

Zur Beantwortung der Frage, ob ULL nach Abs. 1 des RP geboten ist, ist es streng genommen nicht notwendig, zu prüfen, ob in der Schweiz gegenwärtig ein *major supplier* existiert und ob er sich gegenwärtig wettbewerbswidrig verhält. Das RP verlangt mehr als nur das Ergreifen „angemessener Massnahmen", *sobald* diese Bedingungen erfüllt sind. Der Umstand, dass der Wortlaut nicht das Unterbinden, sondern das Verhindern nicht nur bestehender, sondern auch zukünftiger Praktiken verlangt, und entsprechende Massnahmen nicht bloss getroffen, sondern aufrechterhalten („maintained") werden müssen, weist darauf hin, dass die Mitglieder zur Schaffung eines *Rechtsrahmens* verpflichtet sind, der dazu geeignet ist, durch Anwendung im Einzelfall wettbewerbswidrige Praktiken abzustellen oder sie im Vornherein zu verhindern. Abs. 1 RP gleicht daher am ehesten einer EU-Richtlinie, deren Zielsetzung vom nationalen Gesetzgeber ins Landesrecht umzusetzen ist.[379]

In der Folge soll jedoch, dem Beispiel des Panel in *Mexico–Telecommunications* folgend, anhand der aktuellen Situation gezeigt werden, dass Swisscom ein *major supplier* ist, der sich durch Verweigerung von entbündeltem Zugang wettbewerbswidrig verhält.

7.3.3. Ist Swisscom ein „major supplier"?

Dem Definitionsabsatz des RP zufolge ist ein „major supplier"

> a supplier which has the ability to materially affect the terms of participation (having regard to price and supply) in the relevant market for basic telecommunications services as a result of:

379. So auch: ITU 2001, 31 („a mandate to maintain safeguards"); MATHEW, 152 („WTO Members are required to enact laws or regulation. [*sic*] In order to meet this commitment, they could apply general competition law, or introduce specific regulatory provision [*sic*] for the telecommunications sector which would prohibit a set of defined practices."

(a) Control over essential facilities; or
(b) use of its position in the market.

d.h. ein Anbieter, der im relevanten Markt für Basistelekomdienste die Marktteilnahmebedingungen materiell beeinflussen kann. Diese Möglichkeit muss sich entweder durch die Kontrolle des Anbieters über *essential facilities* ergeben oder durch Ausnutzung seiner Marktstellung.

7.3.3.1. Der relevante Markt

Die einen *major supplier* definierende Fähigkeit zur Marktbeeinflussung bezieht sich auf einen relevanten Markt für Basis-Telekomdienste. MATHEW, einen Text zum EU-Wettbewerbsrecht zitierend, ist der Auffassung, dass „there are at least two types of relevant markets in the telecommunications sector. One concerns the services market, the other that of access to the network facilities that are required to provide the services in question to the consumer."[380] In der Schweiz hat die Weko den Breitbanddienstemarkt ebenfalls in einen Markt für Endkundendienste (retail) und einen Markt für den Zugang zu Breitbanddiensten für Anbieter (wholesale) unterteilt.[381] Zu Letzterem gehört das Wiederverkaufsangebot der Swisscom und der Markt für die Breitbandinfrastruktur selbst.[382] Der Infrastrukturmarkt ist aber kein relevanter Markt im Sinne des RP, da er kein Markt für Basistelekomdienste ist. Ebenso nicht relevant sind die nachgelagerten Märkte für Breitband-Anwendungen wie Radio/TV, VoIP, Computerspiele etc., da sie nicht Basistelekomdienste im Sinne des Schweizer Schedule sind. Relevanter Markt ist also zunächst der für Retail-Breitbanddienste.

Der relevante Markt bedarf der räumlichen und sachlichen Abgrenzung, wofür das RP keine Anhaltspunkte liefert. CLOUGH zufolge ist dies „another area where flexibility applies to the way WTO Members implement these commitments".[383] Angesichts der Regelungslükke im RP dürfte es deshalb angebracht sein, die Kriterien des Landes-

380. MATHEW, 148.
381. Vgl. Weko 2004, 364 f., Rz. 34, Weko 2001a, 77, Rz. 31.
382. Vgl. Weko 2002, 444, Rz. 34.
383. CLOUGH, 67.

rechts jedenfalls dann heranzuziehen, wenn sie allgemein akzeptierten wettbewerbsrechtlichen Prinzipien entsprechen.

Für die sachliche Abgrenzung der Märkte akzeptierte das Panel in *Mexico–Telecommunications* das allgemein anerkannte Kriterium der Substituierbarkeit. Ausschlaggebend ist, „simply put, whether a consumer would consider two products as ‚substitutable'".[384] Im Schweizer Recht gilt: „Der sachliche Markt umfasst alle Waren oder Leistungen, die von der Marktgegenseite hinsichtlich ihrer Eigenschaften und ihres vorgesehenen Verwendungszwecks als substituierbar angesehen werden".[385] Angesichts ihrer Eigenschaften und der Bitraten, die heute gängige Anwendungen erfordern, sind die über den local loop, über CATV und (möglicherweise zukünftig) über PLC erbrachten Dienste untereinander substituierbar.[386]

Was die räumliche Marktabgrenzung betrifft, war in *Mexico–Telecommunications* nicht umstritten, dass der Markt für Anrufterminierung ganz Mexiko umfasste.[387] Im Schweizer Recht umfasst der räumliche Markt „das Gebiet, in welchem die Marktgegenseite die den sachlichen Markt umfassenden Waren oder Leistungen nachfragt oder anbietet."[388] Da in allen Landesgegenden eine Nachfrage nach Breitbanddiensten besteht, und Swisscom wie auch die *new entrants* die Dienste ganzschweizerisch anbieten bzw. anbieten wollen, umfasst der räumliche Markt die ganze Schweiz.[389] Auch die Anwendung z.B. des EU-Rechts, wonach „the relevant geographical market relates to the area where actual competitors offer their services and in which objective conditions of competition are similar",[390] würde zum selben Resultat führen. Die Weko hat festgestellt, dass die Wettbewerbsverhältnisse in Bezug auf Breitbandinfrastruktur schweizweit nicht wesentlich diffe-

384. Vgl. *Mexico–Telecommunications*, Rz. 7.152; so auch die Weko in Weko 2004.
385. Art. 11 Abs. 3 Bst. a KVU, von der Weko *per analogiam* angewendet in Weko 2004, 352, Rz. 24.
386. Vgl. Weko 2004, 364, Rz. 32.
387. Vgl. *Mexico–Telecommunications*, Rz. 7.152.
388. Art. 11 Abs. 3 Bst. b KVU, von der Weko *per analogiam* angewendet in Weko 2001b, 351, Rz. 19.
389. Vgl. Weko 2001b, 351, Rz. 20; Weko 2004, 365, Rz. 38.
390. CLOUGH, 67.

rieren.[391] Es ist davon auszugehen, dass dasselbe für die Breitbanddienste selbst auch gilt.

7.3.3.2. Die Machtquelle des major supplier

Ein *major supplier* kann seine Marktmacht entweder durch seine Kontrolle von *essential facilities* oder durch Ausnutzung seiner Marktstellung erlangen. Im vorliegenden Fall stellt sich die Frage, ob der Schweizer local loop eine *essential facility* im Sinne des RP ist. Dieses definiert *essential facilities* als:

> facilities of a public telecommunications network or service that:
> (a) Are exclusively or predominantly provided by a single or limited number of suppliers; and
> (b) cannot feasibly be economically or technically substituted in order to provide a service.

Mit Ausnahme einiger lokaler Netze, die von *new entrants* in Ballungszentren erstellt wurden, sind die Schweizer local loops vollständig in den Händen Swisscoms.[392] Sie können von *new entrants* nicht ökonomisch substituiert werden, da die *sunk costs* für ein schweizweites Verlegen eigener Leitungen zu gross wären, um mit Swisscom konkurrenzieren zu können.[393] Der Zugang zur einzigen realistischen Alternative, den CATV-Netzen, ist technisch nicht oder kaum möglich, weil die Struktur dieser Netze den Zugang zu einzelnen Kunden nicht zulässt, und unpraktikabel, weil die Eigentümerstruktur zersplittert ist.[394] Die local loops stellen damit *essential facilities* im Sinne des RP für die Erbringung von Breitbanddiensten dar.

7.3.3.3. Die notwendige Marktmacht

Das Anknüpfungskriterium des RP – „the ability to materially affect the terms of participation“ – ist im Vergleich zu den präziseren, aber sehr

391. Vgl. Weko 2001b, 352, Rz. 22.
392. Vgl. Weko 2001b, 353, Rz. 27–28.
393. Vgl. Weko 2001b, 356, Rz. 48.
394. Siehe oben 3.5.3.3, S. 40.

unterschiedlichen Kriterien, die die nationalen Wettbewerbs- und Telekomrechte verwenden, eher vage formuliert.[395] Das US-Recht z.B. zieht eine zeitliche Grenze: es legt nur den vor 1996 tätigen ILECs (den *incumbents*), und noch stärker den RBOCs[396] Interkonnektions- und Entbündelungspflichten auf, nicht aber den seither gegründeten CLECs (den *new entrants*).[397] Das Schweizer FMG[398] unterstellt marktbeherrschende Unternehmen im Sinne des Kartellrechts der Interkonnektionspflicht, d.h. Unternehmen, die „auf einem Markt als Anbieter oder Nachfrager in der Lage sind, sich von andern Marktteilnehmern (Mitbewerbern, Anbietern oder Nachfragern) in wesentlichem Umfang unabhängig zu verhalten."[399] Im EU-Recht knüpfte der 1997 gültige Rechtsrahmen an einen Marktanteil von mindestens 25% an,[400] während die EU im Rechtsrahmen 2003 grundsätzlich auf das Kriterium der Marktbeherrschung abstützt.[401] Die EU-Kommission hat darüber hinaus sehr differenzierte Regeln für die Marktmachtfeststellung und die Marktabgrenzung im Telekombereich erlassen.[402]

Die Literatur ist sich uneinig, welches Niveau von Marktmacht durch das Kriterium des RP, „the ability to materially affect the terms of participation", gefordert wird. BRONCKERS und LAROUCHE sind der Auffassung, dass eine äusserst starke Marktbeherrschung verlangt wird, d.h. „quite a radical influence on the market, namely the power to

395. Vgl. BRONCKERS / LAROUCHE, 26.
396. Vgl. KENNEDY, 67 ff.
397. Vgl. KENNEDY, 1.
398. Art. 11 Abs. 1 FMG.
399. Art. 4 Abs. 2 KG; dies entspricht auch der gängigen Auslegung von Art. 82 EGV durch den EuGH.
400. MATHEW, 143 f.
401. Rahmenrichtlinie, Art. 14: „Ein Unternehmen gilt als ein Unternehmen mit beträchtlicher Marktmacht, wenn es entweder allein oder gemeinsam mit anderen eine der Beherrschung gleichkommende Stellung einnimmt, d.h. eine wirtschaftlich starke Stellung, die es ihm gestattet, sich in beträchtlichem Umfang unabhängig von Wettbewerbern, Kunden und letztlich Verbrauchern zu verhalten."
402. Leitlinien der Kommission zur Marktanalyse und Ermittlung beträchtlicher Marktmacht nach dem gemeinsamen Rechtsrahmen für elektronische Kommunikationsnetze und -dienste, 2002/C 165/03, Abl. 2002 C 165, 6–31.

exclude or control the participation of market actors."[403] McLarty,[404] Mathew[405] und Sherman[406] dagegen gehen davon aus, dass das RP das US-amerikanische Konzept der *market power* kodifiziert, nämlich „the ability profitably to maintain prices above competitive levels for a significant period of time".[407] Naftel und Spiwak schlussendlich meinen, dass „the ... definition ... seems to derive more from EU concepts, specifically that of a provider with significant market power".[408]

In *Mexico–Telecommunications* hielt das Panel lediglich fest, dass der Umstand, dass das mexikanische Recht dem *incumbent* Telmex das Recht gab, die „settlement rates" für die Terminierung von internationalen Gesprächen mit Wirkung für alle Wettbewerber auszuhandeln, das Kriterium des RP offensichtlich („patently") erfüllt.[409] Es ist hier allerdings nicht notwendig, festzustellen, welches Marktmachtniveau vom RP genau verlangt wird, denn Swisscom erfüllt alle in der Literatur genannten Kriterien. Die Weko hat festgestellt, dass Swisscom sich aufgrund des schwachen Disziplinierungseffekts des tatsächlichen und potenziellen Wettbewerbs „auf dem Markt für Breitbanddienste weitgehend unabhängig verhalten kann und somit im Sinne vom Artikel 4 Absatz 2 KG als marktbeherrschendes Unternehmen anzunehmen ist."[410] Damit erfüllt sie auch das etwas weniger weitreichende Kriterium der „market power". Als Eigentümerin der *essential facilities* hat Swisscom schlussendlich *per definitionem* die Macht, die Wettbewerber ohne eigene Infrastruktur vom Markt auszuschliessen, entweder durch Verweigerung des Dienstewiederverkaufs oder durch Verweigerung des entbündelten Zugangs. Damit ist Swisscom in Bezug auf Retail-Breitbanddienste ein *major supplier* im Sinne des Reference Paper.

403. Bronckers / Larouche, 24.
404. McLarty, 51.
405. Mathew, 147.
406. Sherman, 75.
407. *Mexico–Telecommunications*, Rz. 7.153 (das Panel gibt die Auffassung der US-Regierung wieder).
408. Naftel / Spiwak, 108.
409. *Mexico–Telecommunications*, Rz. 7.155.
410. Weko 2002, 446, Rz. 42.

7.3.4. Verhält sich Swisscom wettbewerbswidrig?

Nun ist zu prüfen, ob Swisscom durch den Umstand, dass sie *new entrants* keinen entbündelten Zugang zum local loop gewährt, sondern nur (wie vom Schweizer Wettbewerbsrecht verlangt) ihnen den Wiederverkauf der eigenen Dienste gestattet, sich im Sinne von Abs. 1.1 RP wettbewerbswidrig verhält.

Das RP listet in Abs. 1.2 RP drei Verhaltensweisen auf, die „in particular" wettbewerbswidriges Verhalten darstellen sollen. Die Verweigerung entbündelten Zugangs fällt nicht darunter. Da es sich aber bloss um eine illustrative Liste handelt,[411] ist zu prüfen, ob die Verweigerung entbündelten Zugangs zum local loop unter den allgemeinen Begriff der „anti-competitive practices" fällt. Das RP definiert das Verhalten, zu dessen Verhinderung die Schweiz verpflichtet ist, jedoch nicht näher.

7.3.4.1. Was sind „anti-competitive practices" im Sinne des RP?

Bis anhin hat kein Autor eine Auslegung des offenen Rechtsbegriffs der „anti-competitive practices" im Reference Paper versucht, oder aufgezählt, welche Praktiken darunter fallen könnten. Der Auffassung von BRONCKERS, dass Abs. 1.1 RP in etwa das Konzept des Missbrauchs einer marktbeherrschenden Stellung im EU-Recht abdecken sollte, aber nicht z.B. horizontale Preisabsprachen,[412] ist das Panel in *Mexico–Telecommunications* nicht gefolgt, als es zu entscheiden hatte, wie die Vorschrift des mexikanischen Rechts, die Telmex die Aushandlung der „settlement rates" für alle Wettbewerber erlaubte, zu beurteilen ist. Das Vorgehen des Panel ist denn auch bisher der einzige konkrete Ansatz für die Verdeutlichung des Konzepts im RP.

7.3.4.2. „Anti-competitive practices" in Mexico–Telecommunications

Die wörtliche Auslegung des Begriffs führte das Panel zunächst zu einem weiten Begriffsinhalt: „On its own ... the term ‚anti-competitive

411. Vgl.: *Mexico–Telecommunications*, Rz. 7.232; CLOUGH, 69; MATHEW, 153.
412. Vgl. BRONCKERS, 377 f.

practices‘ is broad in scope, suggesting actions that lessen rivalry or competition in the market.“[413] Als massgeblichen Kontext zog das Panel die Definition des „major supplier“ heran, auf dessen Verhalten Abs. 1.1 RP sich bezieht, und folgerte:

> The use of the term „major supplier“ in Section 1, examined in the light of the definition of this term, suggests that the focus of „anti-competitive practices“ is on a supplier's „ability to materially affect the terms of participation (having regard to price and supply)“ – in other words, on monopolization or the abuse of a dominant position in ways that affect prices or supply.[414]

Zur Ausleuchtung der besonderen Bedeutung des Begriffs „anticompetitive practices“ zog das Panel auch die nationalen Wettbewerbsrechte und die (nie in Kraft getretene) „Havanna-Charta“ der *International Trade Organisation* von 1946 heran. Es stellte fest, dass die fragliche Praxis – die horizontale Preiskoordination zwischen Anbietern – in den Wettbewerbsrechten vieler WTO-Mitglieder[415] wie auch in der Havanna-Charta verboten wird.[416] Es wies auch auf eine Empfehlung der OECD hin, der die USA und Mexiko beide angehörten, welche das Verbot von Preiskartellen forderte.[417] Anschliessend betrachtete es das so erreichte Auslegungsresultat im Lichte von Gegenstand und Zweck des RP, und schloss daraus, dass das vom mexikanischen Recht vorgeschriebene Verhalten von Telmex wettbewerbswidrig war:

> An analysis of the Reference Paper commitments shows that Members recognized that the telecommunications sector, in many cases, was characterized by monopolies or market dominance. Removing market access and national treatment barriers was not deemed sufficient to ensure the effective realization of market access commitments in basic telecommunications services. Accordingly many Members agreed to additional commitments to implement a pro-competitive regulatory framework designed to prevent continued monopoly behaviour, particularly by *former* monopoly operators, and abuse of dominance by these or any other major suppliers. Members wished to ensure that market access and national treatment

413. *Mexico–Telecommunications*, Rz. 7.230.
414. *Mexico–Telecommunications*, Rz. 7.234.
415. Vgl. *Mexico–Telecommunications*, Rz. 7.235.
416. Vgl. *Mexico–Telecommunications*, Rz. 7.234.
417. Vgl. a.a.O.

> commitments would not be undermined by anti-competitive behaviour by monopolies or dominant suppliers, which are particularly prevalent in the telecommunications sector. Mexico's Reference Paper commitment to the prevention of „anticompetitive practices" by major suppliers has to be read in this light.[418]

Das Vorgehen des Panel ist in verschiedener Hinsicht bemerkenswert. Zunächst legt es dem Begriff eine sehr weite wörtliche Bedeutung zugrunde und legt damit die Grundlage für die breite Anwendung der Verpflichtungen des RP. Es bestimmt den genauen Gehalt des Begriffs dann hauptsächlich nach dem internationalen Konsens in Wettbewerbsfragen, wie er sich in den Rechtsordnungen der Mitglieder und den Instrumenten einschlägiger internationaler Organisationen wiederspiegelt. Schlussendlich stellt es klar, dass der massgebende Vertragszweck, in dessen Licht die Bestimmungen des RP zu betrachten sind, die Gewährung effektiven Marktzugangs im Rahmen der eingegangenen Verpflichtungen ist.

Mit diesem Ansatz – und deutlicher noch mit der Aussage, dass ein Verhalten auch wettbewerbswidrig sein kann, wenn das Landesrecht es *vorschreibt*[419] – stellt das Panel klar, dass das nationale Wettbewerbsrecht des einzelnen Mitglieds für die Auslegung nicht ausschlaggebend ist, von „Flexibilität" in der Anwendung der RP-Verpflichtungen also kaum die Rede sein kann. Durch seine weite Auffassung von „anticompetitive practices" stellt das Panel den *effet utile* des RP über die nationale Regulationsautonomie, für die, so meinten einige Autoren,[420] angesichts der geringen Regulationsdichte des RP genügend Platz bliebe.

7.3.4.3. Die Verweigerung entbündelten Zugangs im Lichte von Mexico–Telecommunications

Im uns vorliegenden Fall hat die Verweigerung entbündelten Zugangs folgende hauptsächlichen Auswirkungen, die im weiten wörtlichen Sinne des Panel wettbewerbswidrig, also die Konkurrenz hemmend sind:

---

418. Vgl. *Mexico–Telecommunications*, Rz. 7.237.
419. Vgl. *Mexico–Telecommunications*, Rz. 7.239–7.245.
420. Vgl. FREDEBEUL / FREYTAG; NAFTEL / SPIWAK, 107; CLOUGH, 67.

(1) Die *new entrants* können Breitbanddienste wegen der *essential facilities*-Natur des local loop nicht erbringen. Sie geniessen damit zwar *de iure*, aber nicht *de facto* den verpflichtungsgemässen Marktzugang. Dies reduziert die Wettbewerbsintensität und die Innovation auf dem Markt für Breitbanddienste.
(2) Das Erbringen von Breitbanddiensten ist Voraussetzung für die Erbringung nachgelagerter Basistelekomdienste im Sinne des Schweizer Schedule wie Digitaltelefonie und der Bereitstellung von Mietleitungen. Der *incumbent* kann seine marktbeherrschende Stellung im Breitbandmarkt dank seiner Kontrolle des „bottleneck" local loop auf diese nachgelagerten Märkte übertragen.
(3) Sowohl der Breitbandmarkt wie die nachgelagerten Märkte neigen daher zur Monopolisierung durch den *incumbent*. Dies schädigt die Allgemeinheit durch die Abschöpfung von Monopolrenten.

Dieses Problem reflektiert, wie vom Panel gefordert, eine „monopolization or the abuse of a dominant position in ways that affect prices or supply".[421] Das RP folgt anerkannten Prinzipien des Wettbewerbsrechts, indem es bestimmt, dass das Beherrschen eines Marktes (also die *major supplier*-Eigenschaft eines Unternehmens) nicht *per se* wettbewerbswidrig ist. Dies ist im Gegenteil legitimes Ziel jedes Unternehmens – solange es mit den Mitteln des Wettbewerbs wie Innovation und guter Geschäftsführung angestrebt wird. Sobald aber dazu auf *anticompetitive practices* zurückgegriffen wurd, also Konkurrenten Markteintrittsschranken in den Weg gestellt werden, ist die Schwelle des Missbrauchs überschritten. Die Grenze zu ziehen, ist namentlich dann, wenn die Ausübung absoluter Rechte wie des Eigentums in Frage steht, diffizil. Die *essential facilities*-Doktrin[422] nimmt sich dieser Frage an.

7.3.4.4. Die essential facilities-Doktrin im Reference Paper

Um die Frage zu beantworten, ob die *essential facilities*-Doktrin als Massstab für die Wettbewerbswidrigkeit eines Verhaltens nach Abs. 1.1 RP dienen kann, müssen nicht einmal, wie in *Mexico–Telecommu-*

---

421. Siehe oben S. 131.
422. Siehe oben 3.5.1, S. 34.

nications, über den Text des RP hinaus die Wettbewerbsrechte der WTO-Mitglieder zu Rate gezogen werden. Wie dem Panel in *Mexico–Telecommunications* dient uns hier die Definition des „major supplier" im RP als entscheidender Kontext zur Bestimmung der Wettbewerbswidrigkeit eines Verhaltens:[423] Die Verwendung des *terminus technicus* „essential facilities" im Definitionsabsatz ist Hinweis genug darauf, welche Art von wettbewerbswidrigem Verhalten die Mitglieder den *major suppliers* unter anderem abstellen wollten. Hätten sie nämlich „Bottleneck"-Situationen wie die beschriebenen als unproblematisch empfunden, wäre es unnötig gewesen, nicht nur auf die Marktmacht der *major suppliers* abzustützen, die sich durch ihr Verhalten am Markt ergibt, sondern auch auf die Marktmacht, die sich aus der Kontrolle über „Bottlenecks" darstellende *essential facilities* ergibt.

Wenn das Verstopfen von „Bottlenecks" ein so typisches wettbewerbswidriges Verhalten im Telekomsektor darstellt, könnte man fragen, weshalb haben die Mitglieder es dann nicht in Abs. 1.2 RP ausdrücklich verboten? Wie gezeigt wurde, war 1997 die anwendungsspezifische Nutzung der Netze die absolute Regel. Das POTS, und jedenfalls der local loop, wurde überwiegend, wenn nicht vollständig, im Voice Band betrieben. Vor diesem Hintergrund war ein Bedürfnis nach allgemeinem, entbündeltem Zugang höchstens theoretisch erkennbar. Klar und deutlich war aber das Bedürfnis nach Interkonnektion, um den *new entrants* den Zugang zum Netz durch Weiterleitung der Telefongespräche und anderer anwendungsspezifischer Daten ihrer Kunden zu ermöglichen. Nur so lässt es sich erklären, dass die RP-Autoren, obwohl sie die *essential facilities*-Problematik des Sektors offensichtlich erkannten und vermeiden wollten, deren Lösung darin erblickten, eine Schrumpfversion der bewährten EU-Zusammenschaltungsrichtlinie als Abs. 2 des RP einzufügen, welche, wie ebenfalls gezeigt wurde, nur Interkonnektion, nicht aber entbündelten Zugang umfasst. Kaum war die Tinte der Ratifikationsurkunden des 4. Protokolls zum GATS trocken, setzten ADSL und das Internet zu ihrem Siegeszug an. Nun wurde die Notwendigkeit der Entbündelung klar, und die meisten OECD-Staaten,

---

423. Siehe oben S. 131.

mit Ausnahme der weitsichtigeren USA, sahen sich veranlasst, ULL im Schnellzugtempo einzuführen. – All dies zeigt, dass das Fehlen einer expliziten ULL-Verpflichtung im RP nicht als Auslegungskontext die Herleitung einer solchen Verpflichtung aus Abs. 1.1 RP verhindert.

7.3.4.5. Welche essential facilities-Doktrin kommt zur Anwendung?

Die *essential facilities*-Doktrin kann also zur Beurteilung des Verhaltens von Swisscom herangezogen werden. Die Doktrin ist aber nicht nur in vielen Einzelheiten umstritten,[424] sie wird auch in den USA und der EU deutlich unterschiedlich verstanden[425] und kann weder im allgemeinen Wettbewerbsrecht der USA noch der EU (und noch weniger in dem anderer Jurisdiktionen) als wirklich etabliert gelten.[426] NAFTEL und SPIWAK warnen daher: „While application issues may be rare now due to the limited application of the essential facilities doctrine in the Reference Paper,[427] if the doctrine is extended, perhaps to cover such issues as competitor access to unbundled loops, then resolution of the question, ‚whose essential facilities doctrine'? will be of critical importance."[428]

Anders als NAFTEL und SPIWAK befürchten, müssen wir die im RP anzuwendende *essential facilities*-Doktrin jedoch nicht auf dem Schlachtfeld des allgemeinen Wettbewerbsrechts zusammensuchen. Es existiert nämlich bereits ein klarer Konsens der RP-Unterzeichner, wie

424. Vgl. SCHINDLER, 4.
425. SCHINDLER, 3 f.: „Während sich die Europäische Kommission in der Anwendung des Wettbewerbsrechts sozialer, politischer und ökonomischer Anliegen verpflichtet sieht, stehen in der amerikanischen Antitrustpraxis nicht gesellschaftspolitische Motive, sondern einzelwirtschaftliche Effizienzüberlegungen im Vordergrund. Gerade das unionsspezifische Anliegen der Marktintegration sowie der ‚Fairness'-Gedanke ... spielen in der vornehmlich wohlfahrtsökonomisch orientierten Anwendungspraxis zu Sherman Act Section 2 keine oder bloss eine untergeordnete Rolle."
426. Siehe oben 3.5.1.1, S. 34 f.
427. NAFTEL und SPIWAK beziehen sich hier auf den Umstand, dass in den konkretisierten Verpflichtungen des RP der Begriff der *essential facilities* nur in Abs. 1.2(c) RP auftaucht (vgl. NAFTEL / SPIWAK, 110).
428. NAFTEL / SPIWAK, 110.

essential facilities-Probleme im Telekomsektor zu lösen sind: das Interkonnektionsrecht des Abs. 2 RP. Obwohl das Primat des Wortlauts bei der Auslegung völkerrechtlicher Verträge dessen direkte Anwendung auf entbündelten Zugang verhindert, ist Abs. 2 RP offensichtlich der einschlägige Kontext zur Beurteilung der Wettbewerbswidrigkeit eines Verhaltens des *major suppliers*, das im Ausnützen seiner Kontrolle über *essential facilities* besteht.[429]

Die Interessenlagen von *incumbent* und *new entrant* sind in Bezug auf Interkonnektion und auf entbündelten Zugang praktisch identisch, mit einem Unterschied: Während Interkonnektion mit dem ganzen Netz des *incumbent* sicherzustellen ist, will man Netzwerkexternalitäten als Markteintrittsschranken vermeiden, macht es nicht unbedingt Sinn, entbündelten Zugang zu Leitungen zu gewähren, die nicht unter Monopolschutz, sondern im Wettbewerbsumfeld erstellt wurden, will man nicht Investitionsanreize zerstören. In Bezug auf den unter Monopolschutz erstellten local loop jedenfalls besteht aber in gutem Glauben, und eingedenk des Kontexts, den die Auslegung des AT ergibt, kein Grund zur Annahme, dass die Idee der *essential facilities*-Doktrin, die Abs. 2 RP zugrundeliegt, nicht auf den Fall des entbündelten Zugangs übertragen werden kann. (Hätten die Handelsdiplomaten sich entschlossen, die Bedingungen für entbündelten Zugang explizit auszuhandeln, wären sie vielleicht zu anderen Resultaten gekommen – aber Handelsdiplomaten sind, anders als Rechtsanwender nach Art. 31 Abs. 1 VCLT, nicht an den guten Glauben gebunden.)

7.3.4.6. Die Wettbewerbswidrigkeit des verweigerten full und shared access

Abs. 2 RP schreibt für *new entrants* ein unbedingtes, durch Abs. 2.2(a)-(c) qualifiziertes Interkonnektionsrecht zum Netz des *major supplier* vor. Wie gezeigt wurde, repräsentiert die Ausgestaltung des Interkonnektionsrechts von Abs. 2 RP das Konzept der RP-Unterzeichner von

429. So auch GIUDICI, der festhält: „Was das wettbewerbsbeschränkende Verhalten und die Interkonnektion anbelangt, scheinen die WTO-Vorschriften mit der ‚essential-facilities'-Doktrin übereinzustimmen."

der *essential facilities*-Doktrin im Telekomsektor. Diese besagt also, dass die Nutzung von *essential facilities* eines *major supplier* durch *new entrants* ohne weiteres, an jedem technisch möglichen Punkt und unter den Bedingungen von Abs. 2.2(a)–(c) stattfinden kann. Umgekehrt is daher jede Nichtgewährung unbedingten, so qualifizierten Zugangs zu den *essential facilities* wettbewerbswidrig i.S.v. Abs. 1.1 RP. Im Ergebnis sind also die Regeln des Abs. 2.2 RP sinngemäss auf *full access* (und *a maiore ad minus* auf *shared access*) anzuwenden.

7.3.4.7. Die Wettbewerbswidrigkeit des verweigerten bitstream access

Beim *bitstream access* will der *new entrant*, anders als beim *full* und *shared access*, den local loop nicht selbst nutzen, sondern er will vom *incumbent* den Dienst des DSL-Datentransports über den local loop beziehen. Die *essential facilities*-Doktrin umfasst in allen ihren Formulierungen aber nur, dass dem Konkurrenten die Benutzung der *essential facility* zu gewähren ist, und nicht auch, dass der Eigentümer der Einrichtung für seinen Konkurrenten weiter als für die Benutzung nötig Dienste erbringen muss. Im Falle der Interkonnektion ist Letzteres notwendig: Weil hier der Zugang zur Netzinfrastruktur nur auf logischer Ebene, nicht aber auf Hardwareebene besteht, ist der *new entrant* darauf angewiesen, dass der *incumbent* die Informationen über sein Netz weiterleitet, z.B. die Anrufe von Kunden des *new entrant* in seinem Netz terminiert. Da aber *bitstream access* keine Form der Interkonnektion ist,[430] verstösst die Verweigerung von *bitstream access* nicht gegen Abs. 2 RP.

Unter Abs. 1 RP kann die Verweigerung von *bitstream access*, da sie nicht anhand der *essential facilities*-Doktrin auf ihre Wettbewerbswidrigkeit geprüft werden kann, nur unter dem allgemeineren Gesichtspunkt der Verweigerung von Geschäftsbeziehungen betrachtet werden.[431] Wie GRONER unter Verweis aufs Schweizer, EU- und US-Recht darstellt, „muss ein marktbeherrschendes Unternehmen seine Produkte einem Konkurrenten nicht zur Verfügung stellen, solange andere Abnehmer ebenfalls nicht beliefert werden. Selbst ein Monopolun-

430. Siehe oben 7.1.1.2, S. 113.

ternehmen unterliegt nämlich keiner Pflicht, seinen Konkurrenten zu helfen."[432]

Auch unter Berücksichtigung der Besonderheiten des Telekomsektors ist nicht davon auszugehen, dass unter den WTO-Mitgliedern ein ausreichender Konsens darüber besteht, dass die Verweigerung von *bitstream access* wettbewerbswidrig im Sinne von Abs. 1.1 RP ist. Diejenigen Staaten, welche *bitstream access* eingeführt haben, haben dies hauptsächlich getan, um zu verhindern, dass der *incumbent first mover*-Vorteile – also die Fähigkeit, Kunden durch frühe Marktpräsenz längerfristig an sich zu binden – zur Marktbeherrschung ausnutzen kann.[433] Der Text des RP weist nicht darauf hin, dass die Mitglieder davon ausgingen, dass eine *first mover*-Position des *major supplier per se* wettbewerbswidrig ist. Obwohl zur Zeit des Abschlusses des RP die *incumbents* als Ex-Monopolisten bereits praktisch alle Kunden an sich gebunden hatten, sahen die RP-Autoren keine Massnahmen zur „Umverteilung" der Marktanteile auf die *new entrants* vor, die über die Ermöglichung des Zugangs zu *essential facilities* hinausgingen. Anders als in *Mexico–Telecommunications*, wo das Panel auf einen breiten internationalen Konsens bezüglich der Wettbewerbswidrigkeit von Preisabsprachen verweisen konnte, können angesicht der sehr unterschiedlichen Ausgestaltung des *bitstream access* in den europäischen Staaten[434] und der Nichtverfügbarkeit von *bitstream access* in vielen OECD-Staaten, darunter wichtigen RP-Unterzeichnern wie Kanada,

431. Swisscoms DSLAMs selbst, deren indirekte Nutzung bei *bitstream access* verlangt wird, können wohl nicht als *essential facilities* im Sinne des RP betrachtet werden, da sie im Gegensatz zu local loops in einem Wettbewerbsumfeld durchaus ökonomisch substituierbar sind. Dass *new entrants* sich ihre eigenen DSLAMs leisten können, zeigt das Beispiel von Swisscom selbst, die ohne Monopolschutz und trotz der (allerdings schwächeren) Konkurrenz durch die CATV-Betreiber in ihre DSLAMs investieren konnte, sowie das Beispiel derjenigen Staaten, wo *shared* und *full access* zu local loops bereits genutzt wird, was z.B. in den USA im Jahr 2001 auf 9.5 Millionen local loops der Fall war (OECD 2003, 20).

432. GRONER, 281.

433. Vgl. ERG 2004, 2.

434. Siehe oben 3.6.2, S. 46.

den USA und Japan,[435] auch die nationalen Rechtsordnungen nicht herangezogen werden, um eine Wettbewerbswidrigkeit der Verweigerung von *bitstream access* zu bejahen.

Schlussendlich ist, wie festgestellt wurde, massgebendes Ziel des RP die Schaffung von Marktzugang für ausländische Anbieter von Basistelekomdiensten.[436] Da der blosse Wiederverkauf (entweder nur der Dienste selbst via *bitstream access* oder, gebündelt mit Backhaul- und Internetzugangsdiensten, des Endkundendiensteangebots von Swisscom) keine eigene Erbringung der fraglichen DSL-Dienste darstellt, würde eine Gewährung von *bitstream access* nicht faktischen Marktzugang für *new entrants* in Bezug auf DSL-Dienste ermöglichen, sondern höchstens Marktzugang in Bezug auf gewisse nachgelagerte Basistelekomdienste.[437] Da diese Märkte aber ebenso über *shared* und *full access* erreichbar sind, ist nicht davon auszugehen, dass Swisscoms Verweigerung des *bitstream access* zum local loop ein wettbewerbswidriges Verhalten im Sinne des RP darstellt.

7.3.5. Die Unangemessenheit der Massnahmen des Schweizer Rechts

Swisscom verweigert gegenwärtig *new entrants full* und *shared acccess* zu ihrem local loop. Da dies, wie gezeigt wurde, ein wettbewerbswidriges Verhalten des *major supplier* Swisscom darstellt, verstösst die Schweiz gegen ihre völkerrechtlichen Verpflichtungen nach Abs. 1.1 RP, indem sie keine geeigneten Massnahmen zur Verhinderung solchen Verhaltens eingeführt hat.

Massnahmen, die zur Verhinderung solchen Verhaltens geeignet sind, müssen aber nicht notwendigerweise darin bestehen, dass Swisscom vorgeschrieben wird, *full* und *shared acccess* zu ihrem local loop zu gestatten. Auch Massnahmen, die Swisscom z.B. das Eigentum am local loop entziehen, sind dazu geeignet, Swisscom am beschriebenen Verhalten zu hindern. So ist vorgeschlagen worden, *incumbents* in eine

435. Vgl. OECD 2003, 18; a.a.O., 19, Tabelle 2.
436. Siehe oben S. 131.
437. Siehe oben S. 133.

Netzbetreibergesellschaft und in eine reine Diensteanbieterin aufzuteilen,[438] oder die *incumbents* zu enteignen und den local loop den Benutzern zu schenken oder zu verkaufen.[439] Die Wahl der Mittel obliegt dem Schweizer Gesetzgeber.

Eingedenk der Feststellung des Panel, dass der massgebende Zweck des RP die Schaffung von tatsächlichem Marktzugang ist, ist die Garantie des Schweizer Wettbewerbsrechts, dass *new entrants* das Dienstepaket von Swisscom wiederverkaufen dürfen, nicht ausreichend, um die wettbewerbswidrige Wirkung der Verweigerung von *full* und *shared access* aufzuheben. Zum einen ist der Wiederverkauf fremder Dienste nicht ausreichend für die Schaffung von Marktzugang, welcher darin besteht, dass der *new entrant eigene Dienste* erbringen kann. Zum andern verunmöglicht der Wiederverkauf die inhaltliche, qualitative und preisliche Individualisierung der Dienste.[440] Damit bleibt der Wettbewerb auf Diensteebene weiter eingeschränkt.

---

438. Vgl. OECD, Structural Separation. Die Autoren der Studie kommen allerdings zum Schluss, dass „[t]here is little evidence that the benefits of structural separation of the local loop are sufficiently in excess of costs." (a. a. O., 32)

439. Vgl. SCHECHTER. – Damit würde gewissermassen die „natürliche" Eigentumslage wiederhergestellt. Mit der Aufhebung der staalichen Monopolrechte der PTT-Betriebe hätte das Eigentum an den Leitungen dem Akzessionsprinzip zufolge (Art. 667 ZGB) nämlich an die jeweiligen Grundeigentümer fallen müssen. Dies wurde erst im Verlauf der parlamentarischen Beratungen bemerkt, worauf „auf dringenden Wunsch von Bundesrat und Verwaltung" (Amtl. Bull. 1997 S 100, 6. März 1997, zu Art. 36a, Votum Schüle für die Kommission) durch Art. 37 FMG Telekomleitungen ins Eigentum der Konzessionärin gestellt wurden, die sie erstellt hatten. Damit sollten die Vermögensinteressen der Konzessionärinnen geschützt werden (vgl. a.a.O.; Amtl. Bull. 1997 N 379, 19. März 1997, zu Art. 36a, Votum BR Leuenberger). Diese Lösung entspricht nur teilweise der nach Art. 676 ZGB für die Wasser-, Strom- und anderen Leitungen geltenden, welche ausser auf dem Grundstück, dem sie dienen, dem Werkeigentümer als Zugehör gehören. – Da der local loop nun jedenfalls im Eigentum der Privatrechtsperson Swisscom Fixnet AG ist, wäre eine Enteignung landesrechtlich entschädigungspflichtig (Art. 26 Abs. 2 BV).

440. Siehe S. 38.

8. Grenzen des Zugangsrechts: Annex und Reference Paper im Zusammenwirken

Wir haben in den vorigen Kapiteln festgestellt, dass die Schweiz sich sowohl im AT wie auch im RP zur Ermöglichung des *full* und *shared access* zu Swisscoms local loops verpflichtet hat. Die Ausführungen haben aber auch gezeigt, dass, geht man über diesen hier zu behandelnden Fall hinaus, die Abgrenzungen des Zugangsrechts vor allem im AT alles andere als scharf umrissen sind. Während das RP Verpflichtungen nur in Bezug auf *major suppliers* und, in Bezug auf den Zugang, nur betreffend *essential facilities* enthält, lässt sich der AT dahingehend auslegen, dass er ein Zugangsrecht zu *jeder* öffentlichen Telekominfrastruktur *jedes* Anbieters garantiert. Wettbewerbsrechtliche Überlegungen sind dem AT fremd. Ihn kümmert nicht das Funktionieren des nationalen Marktes, sondern bloss das subjektive Recht des *new entrant* auf Zugang.

Vor dem Hintergrund der sehr differenzierten Telekomrechte der WTO-Mitglieder, die unter anderem verhindern wollen, dass Anreize zur Erstellung von neuer Infrastruktur im Wettbewerbsumfeld zerstört werden, ist dieses Resultat kaum sachgerecht. Allerdings kann das RP nicht direkt oder als massgeblicher Kontext zur Einschränkung des Zugangsrechts des AT herangezogen werden, da es kein selbstständiger Staatsvertrag, sondern ein später eingereichter Teil der GATS-Verpflichtungslisten einzelner WTO-Mitglieder ist. In ihren Verpflichtungslisten können die WTO-Mitglieder zwar gestützt auf Art. XVI und XVII GATS ihre Verpflichtungen bezüglich Marktzugang, MFN oder NT einschränken. Das GATS sieht aber nicht vor, dass sie durch das Eingehen spezifischer Verpflichtungen von anderen Vorschriften des GATS, wie etwa den Regeln des AT, abweichen können. Sie können jedoch gestützt auf Art. XVII GATS und auf dem Wege, den Art. XIX und XX GATS vorsehen, *zusätzliche* Verpflichtungen („*additional* commitments“) aushandeln und anmelden, die über die allgemeinen Regeln des GATS hinausgehen. Dies ist im Falle des RP geschehen.[441]

Die Befolgung der Vorschriften des RP entbindet die Schweiz damit nicht von der gleichzeitigen Befolgung der Vorschriften des AT, wie das Panel in Mexico–Telecommunications festhielt:

> [T]here is a degree of overlap between the obligations of the Annex and the Reference Paper, despite their differences in scope, level of obligations, and specific detail provided. To the extent that the Reference Paper requires cost-oriented interconnection on reasonable terms and conditions, it supplements Annex Section 5, requiring additional obligations as regards „major suppliers“. The Reference Paper commitments do not in this sense subtract from the Annex or render it redundant.[442]

Sollte aber z.B. ein *new entrant* gestützt auf den AT entbündelten Zugang zum gerade verlegten Glasfaserkabel eines anderen *new entrant* verlangen, wäre in Erwägung zu ziehen, zur Korrektur des im Lichte des Gesagten unsinnigen Resultats (Art. 32 VCLT) das RP als Hilfsmittel zur Auslegung des Begriffs „reasonable terms and conditions“ des Abs. 5(a) AT heranzuziehen, um die sachgerechteren Voraussetzungen des RP für die Interkonnektion auch im AT *mutatis mutandis* für den entbündelten Zugang anwenden zu können. Ferner ist fraglich, ob die Gewährung eines solchen Zugangsrechts, das so durch keine nationale Rechtsordnung gewährt würde, mit dem von Art. 26 und 31 VCLT geforderten guten Glauben in der Rechtsanwendung und -auslegung vereinbar wäre.[443]

---

441. Für die 1998er Verhandlungen ist die entsprechende Rechtsgrundlage die GATT-Ministerentscheidung vom 15. Dezember 1993 und 14. April 1994 über Verhandlungen betreffend Basis-Telekommunikation (http://www.wto.org/english/docs_e/legal_e/50-dstel.pdf), die die Grundlage des 4. Protokolls zum GATS (WTO Dok. S/L/20) darstellt, welches wiederum die Verpflichtungslisten mit dem RP umfasst.
442. *Mexico–Telecommunications*, Rz. 7.332.
443. Siehe oben 6.4.3, S. 106.

9. Die Entbündelung und audiovisuelle Inhalte

9.1. Ausgangslage

Im WTO-Recht existieren Vorbehalte, welche die Übertragung gewisser audiovisueller Inhalte (d.h. Ton und bewegte Bilder) von der Anwendung des WTO-Telekommunikationsrechts ausnehmen. Dies ist nur vor dem Hintergrund des in der WTO tobenden Streits um den Handel mit audiovisuellen Dienstleistungen zu verstehen.[444] Europäische und andere Staaten fürchten angesichts der Marktmacht US-amerikanischer Anbieter im audiovisuellen Bereich um den kulturellen Zusammenhalt ihrer Nation und um die kulturelle Diversität. Ihr Film-, TV- und Radiowesen ist daher geprägt von Zugangsbeschränkungen, Quoten und Subventionen für Inhalte inländischer Herkunft oder kulturpolitisch akzeptablen Inhalts. Die Beibehaltung dieser Kulturpolitik war eines der EU-Hauptziele in der Uruguay-Runde. Die EU und gleichgesinnte Mitglieder gingen daher keine Verpflichtungen im audiovisuellen Bereich ein, und sie erhielten weitreichende MFN-Ausnahmen hinsichtlich der Filmförderung und der Zulassung der Verbreitung von Radio- und TV-Inhalten.

Die Verbreitung von Radio- und TV-Signalen geschieht jedoch physikalisch auf dieselbe Art wie die Erbringung von Telekomdiensten: über elektromagnetische Signale. Da damit die Definition der „Telekommunikation" gemäss Abs. 3(a) AT erfüllt wird, drängten die interessierten Mitglieder auf die Klärung der Abgrenzungsprobleme. Die EU und ihre Verbündeten wollten insbesondere verhindern, dass ausländische (sprich: US-amerikanische) Anbieter audiovisueller Inhalte über den Umweg des Telekomrechts Marktzugang in kulturell sensitiven Bereichen erlangen können. Audiovisuelle Inhalte sind heute aber

444. Vgl. allgemein GRABER, Audiovisionsrecht; GERMANN.

auch zusehends über das Internet oder als eigene Anwendungen von Breitbanddiensten (z.B. VoD), also unter Nutzung von Telekomdiensten zugänglich, sowohl mit Einwilligung der Rechteinhaber wie teils auch ohne. Diesen Trend hin zum Zusammengehen von Telekom- und audiovisuellen Diensten über Breitbandverbindungen bzw. das Internet bezeichnet man als *Konvergenz*.[445] Es gilt nun, die WTO-rechtlichen Auswirkungen dieses Konnexes von Breitband- und audiovisuellen Diensten auf die eingegangenen ULL-Verpflichtungen zu prüfen.

Im WTO-Recht geschah die Abgrenzung zwischen Telekom- und Audiovisionsbereich auf zwei Wegen. Zunächst schränkt Abs. 2(b) AT den Anwendungsbereich des AT ein:

> (b) This Annex shall not apply to measures affecting the cable or broadcast distribution of radio or television programming.

Darüber hinaus brachten diese Mitglieder auch in ihrer Verpflichtungsliste einen entsprechenden Vermerk an. Während die EU in ihrer Verpflichtungsliste die Übermittlung aller audiovisueller Inhalte über Telekomverbindungen ganz aus den Verpflichtungen für den Telekomsektor ausklammert,[446] hält die Schweiz lediglich fest, dass ihre Verpflichtungen im Telekomsektor nicht auf die Übertragung von TV- und Radioinhalten Anwendung finden:[447]

> Telecommunication Services are the transport of electro-magnetic signals – sound, data, image and combinations thereof –, excluding broadcasting[a]
>
> [a] Broadcasting is defined as the uninterrupted chain of transmission required for the distribution of TV and radio programme signals to the general public, but does not cover contribution links between operators.

Wir müssen nun prüfen, ob Abs. 2(b) AT oder dieser Schweizer Audiovisionsvorbehalt die Massnahmen zur Entbündelung der letzten Meile dem Anwendungsbereich des WTO-Rechts entziehen könnte.

445. Vgl. LEPORI, 10.
446. WTO Dok. GATS/SC/31/Suppl.3, 2. Vgl. GRABER, Audiovisionsrecht, 203.
447. Fn. 1 zu WTO Dok. GATS/SC/83/Suppl.3/Rev.1, 2, ganz reproduziert unten, S. 159.

9.2. Abs. 2(b) des Annex

Abs. 2(b) AT bestimmt, dass der AT auf Massnahmen bezüglich der Verbreitung von TV- oder Radioprogrammen über Kabel oder Rundfunk nicht Anwendung findet. Wäre ULL eine solche Massnahme, könnte es, da es aus dem Anwendungsbereich des AT fallen würde, von den *new entrants* auch nicht gestützt auf Abs. 5(a) AT eingefordert werden. Dies ist aber nicht der Fall, denn der *local loop* ist weder Fernsehkabel noch Rundfunkverbindung im Sinne von Abs. 2(b) AT. Es muss davon ausgegangen werden, dass „cable" die sektorspezifische technische Sonderbedeutung (Art. 31 Ziff. 4 VCLT) von „Fernsehkabel" hat; andernfalls hätten sich die WTO-Mitglieder wie anderswo im AT eines offeneren Ausdrucks wie „public telecommunications transport networks and services" bedient.[448]

Selbst wenn man das Gegenteil annehmen würde, wäre zu prüfen, ob ULL die Verbreitung solcher Inhalte beeinflussen („affect") würde. Das Verbreiten solcher Inhalte durch die *new entrants* selbst kann ihnen natürlich schon gestützt auf die fehlenden Verpflichtungen im Audiovisionsbereich verboten werden, ohne dass auf ULL verzichtet werden muss. Das Verbreiten solcher Inhalte durch Dritte über die Netze des *new entrant* wird dagegen durch ULL nicht massgeblich beeinflusst. Ein solcher Einfluss könnte allenfalls darin bestehen, dass die Transaktionskosten für den Bezug solcher Inhalte leicht sinken würden, etwa durch eine höhere verfügbare Bitrate oder tiefere Internet-Nutzungsgebühren. Die Verfügbarkeit der Inhalte selbst bleibt von der Entbündelung unberührt, sie können auch via eine gebündelte Leitung über Internet bezogen werden.

„Affect" im Zusammenhang von „measures affecting trade in services" (Art. I:1, XXVIII(c) GATS) hat im GATS eine weite Bedeutung erhalten. Dies erweitert den Anwendungsbereich des GATS.[449] Hier geht es aber um „measures affecting the cable or broadcast distribution

448. So wohl auch GRABER, Audiovisionsrecht, 201.
449. Vgl. *EC–Bananas III*, Rz. 220.

of radio and television programming“. In diesem besonderen Kontext, und eingedenk des Gegenstands und Zwecks des AT, kann es nicht angehen, „affect“ so weit auszulegen, dass auch eine mögliche marginale Veränderung der Umstände, unter denen die Verbreitung erfolgt, darunter fallen würde. Wäre dem so, könnte jedem WTO-ausländischen Diensteanbieter fast jeder Zugang zu Telekomassets gestützt auf Abs. 2(b) AT verweigert werden, weil die meisten Telekomassets zur Internetbenutzung und damit zum Bezug von Radio- oder TV-Inhalten über Internet geeignet sind. Eine solche Auslegung würde den AT praktisch völlig gegenstandslos werden lassen, was sich nach dem Effektivitätsprinzip verbietet.

9.3. Der Schweizer Audiovisionsvorbehalt

Der Schweizer Audiovisionsvorbehalt hält fest, dass die Übertragung (das „broadcasting“) von TV- und Radiosignalen nicht unter die Schweizer Telekommunikationsverpflichtungen fällt. Der Umstand, dass solche Inhalte auch unter Nutzung von Telekomdiensten zugänglich gemacht werden können, bedeutet nicht notwendigerweise, dass dabei ein „broadcasting“ im Sinne der Fn. 1 des Vorbehalts stattfindet. Solche Inhalte können etwa über Internet nicht nur in Echtzeit bezogen und konsumiert werden, sondern werden (über heute gängige Verbindungen) öfter noch als Dateien heruntergeladen und zeitverzögert konsumiert. Neuere Anwendungen, insbesondere VoD und TV-/Radioangebote über Breitbanddienste, sehen aber ein echtes Broadcasting via IP-Multicasting vor.

9.3.1. Der Audiovisionsvorbehalt im AT

Der Umstand, dass das Internet ein (nicht durch Verpflichtungen gedecktes) Broadcasting grundsätzlich ermöglicht, ist für die Anwendbarkeit des AT nach Abs. 2(a) zunächst unbeachtlich, da diese nicht an die Verpflichtungslage anknüpft, sondern daran, ob die fragliche Massnahme (hier ULL) Zugang zu und Nutzung von öffentlichen Telekomassets beeinflusst. Dass dies der Fall ist, wurde gezeigt.[450]

Abs. 2(c)(i) AT bestimmt, dass die Schweiz nicht dazu verpflichtet ist, die Erbringung von Telekomdiensten anders als gemäss ihrer Verpflichtungsliste zuzulassen. Da aber die Übertragung von TV- und Radiosignalen gerade nicht unter die Telekomdienste fällt (sowohl gemäss dem Schweizer Audiovisionsvorbehalt wie auch gemäss der Definition von Abs. 2(b) AT), ist diese Vorschrift hier nicht einschlägig.

Der Vorbehalt hat jedoch i.V.m. Abs. 5(a) AT zur Folge, dass sich Dienstleistungsanbieter zur Übertragung von TV- und Radiosignalen nicht auf das Zugangsrecht des AT berufen können, da diese nicht von den Schweizer Verpflichtungen erfasst sind. Die *new entrants* wollen aber, indem sie zwecks Entbündelung der letzten Meile das Zugangsrecht beanspruchen, nicht TV- oder Radioinhalte verbreiten, sondern Basis-Telekomdienstleistungen erbringen können. Es ist also notwendig, abzuklären, ob die Anbieter von Telekomdiensten auch gleichzeitig Miterbringer – „supplier" im Sinne des AT – der anderen Dienste sind, die über die oder unter Nutzung der von ihnen bereitgestellten Telekomassets von Dritten erbracht werden (im Weiteren „Sekundärdienste" genannt).

Es ist die Regel, dass ein und derselbe Dienst von mehreren Personen gleichzeitig „erbracht" wird, denn als Erbringer gilt laut Art. XXVIII(g) GATS jede Person, die eine Dienstleistung anbietet, unter „Person" wird im GATS wie in der Schweiz sowohl eine juristische wie eine natürliche Person verstanden (Art. XXVIII(j) GATS) und das Erbringen selbst wird von Art. XXVIII(b) GATS wie folgt definiert:

> (b) „supply of a service" includes the production, distribution, marketing, sale and delivery of a service;

Somit ist fast jede Person, die im Zusammenhang mit dem Erbringen eines Dienstes tätig wird – und sei es das Gestaltungsbüro, das die Wer-

450. Siehe oben 6.1.1, S. 84.

bekampagne für die Konsumkreditaktion einer Bank entwirft – „Erbringer“ dieser Dienstleistung im Sinne des GATS. Unter dieser Voraussetzung wäre es naheliegend, auch Telekomanbieter, über deren Telekomassets etwa der Vertrieb eines Sekundärdiensts erfolgt, als Erbringer zu qualifizieren.

Trifft dies aber auch im Kontext des AT zu? Im einleitenden Abs. 1 des AT wird festgehalten:

> *1. Objectives*
> Recognizing the specificities of the telecommunications services sector and, in particular, its dual role as a distinct sector of economic activity and as the underlying transport means for other economic activities, the Members have agreed to the following Annex with the objective of elaborating upon the provisions of the Agreement with respect to measures affecting access to and use of public telecommunications transport networks and services. Accordingly, this Annex provides notes and supplementary provisions to the Agreement.

Eine Besonderheit des Telekomsektors besteht darin, dass der Telekomanbieter nicht nur keinen inhaltlichen Einfluss auf bzw. kein wirtschaftliches Interesse an den Sekundärdiensten hat, die vermittels seiner Assets erbracht werden, sondern auch – da die Abwicklung in grossem Volumen über vollautomatische Systeme erfolgt – in der Regel weder wissen will noch ohne weiteres wissen kann, dass seine Assets zur Erbringung eines bestimmten Sekundärdiensts (etwa zum Abschluss einer Lebensversicherung über Telefon oder zum Download einer Radiosendung über Internet) benutzt worden sind. Seine Assets stellen vielmehr, wie Abs. 1 AT es ausdrückt, ein blosses Transportmittel zur Erbringung von Sekundärdiensten dar, wie es etwa Strassen für Transportdienste sind. Wie im Fall des Strassenbauers in Bezug auf eine Postautofahrt, ist die individuelle Beziehung des Telekomanbieters in Bezug auf die telefonisch geschlossene Lebensversicherung (eine Finanzdienstleistung) zu wenig eng, als dass er als deren Erbringer im Sinne des AT betrachtet werden könnte.

Würde man zum gegenteiligen Schluss gelangen, stünde den Staaten, die sich nicht zur Marktöffnung bezüglich irgendwelcher Sekundärdienste verpflichtet haben, das Recht zu, auch diese Art der „Erbringung“ dieser Dienste durch die Telekomanbieter zu verbieten. Dies ist aber praktisch nur durch ein Verbot der Erbringung der zugrundeliegenden Telekomdienste selbst möglich, denn nur die Erbringung der Sekundärdienste allein zu verhindern, würde eine Inhaltskontrolle des Datenverkehrs auf den Netzen der Anbieter voraussetzen. Dies ist aus praktischen Gründen, etwa wegen dem schieren Datenvolumen und möglicher kundenseitiger Verschlüsselung, unmöglich. Damit würden sämtliche Verpflichtungen im Telekomsektor gegenstandslos, denn jedes Mitglied könnte WTO-Ausländern das Erbringen von Telekomdiensten verbieten, um zu verhindern, dass auch unzulässige Sekundärdienste „erbracht" werden.

Demzufolge ist der Umstand, dass *new entrants* Telekomdienste erbringen, die ihrerseits audiovisuelle Inhalte Dritter transportieren können, nicht eine Erbringung („supply") audiovisueller Dienstleistungen. Die *new entrants* beanspruchen das Zugangsrecht daher nur für das Angebot von Telekomdiensten, und nicht auch für die Erbringung audiovisueller Dienste, was ihnen gestützt auf Abs. 5(a) und 5(e)(i) AT verweigert werden könnte. Eine Verweigerung des ULL wäre somit auch keine nach Abs. 5(e)(iii) AT erlaubte Zugangsbedingung, welche notwendig wäre, um sicherzustellen, dass WTO-ausländische Anbieter nur Dienste im Rahmen der spezifischen Schweizer Verpflichtungen erlaubt sind, erbringen: bezogen auf die *new entrants* nicht, weil sie keine Erbringer audiovisueller Dienste sind, und bezogen auf Dritte, die Radio und TV über Internet anbieten, nicht, weil deren Angebot Internet-Nutzern unabhängig von der Entbündelung oder Nicht-Entbündelung der letzten Meile zugänglich ist.

Daran ändert auch der Umstand nichts, dass Swisscom kürzlich angekündigt hat, neu als „triple play" über die Telefonleitung nebst Telefonie und Internetdiensten auch Radio und TV anzubieten,[451] und es ihr *new entrants* über entbündelt zugängliche local loops gleichtun könnten. Ein solches Tätigwerden könnte den new entrants durch einen Erlass untersagt werden, ohne dass es dazu notwendig wäre, auf ULL zu verzichten, denn im Gegensatz zum Datenverkehr auf Leitungen kön-

451. Vgl. TOGNI / HEIL.

nen öffentliche Angebote und Geschäftstätigkeiten von *new entrants* praktikabel reguliert werden.

9.3.2. Der Audiovisionsvorbehalt im RP

Das RP enthält gegenübr dem AT zusätzliche Verpflichtungen.[452] Das Gesagte gilt daher grundsätzlich ebenso für das RP. Da gezeigt wurde, dass das Erbringen von Breitbanddiensten nicht *per se* auch das Erbringen von audiovisuellen Diensten ist, bloss weil über Breitbanddienste audiovisuelle Inhalte von Dritten abgerufen werden können, kann der relevante Markt des RP so abgegrenzt werden, dass er, wie vom RP verlangt, nur Basistelekomdienste (d.h. Breitbanddienste) und nicht auch unzulässige audiovisuelle Dienste enthält. Da das RP sich im Folgenden nur mit Basistelekomdiensten, und nicht mit deren Anwendungen (wie audiovisuellen Diensten), beschäftigt, hat der Schweizer Audiovisionsvorbehalt keine weiteren Auswirkungen auf die Schweizer Verpflichtungen nach dem RP.

Wir kommen somit zum Schluss, dass die Besonderheiten des audiovisuellen Sektors die Entbündelung der letzten Meile nicht verhindern können. Dies bedeutet nicht, dass das Telekomrecht der WTO den Mitgliedern verbietet, weiterhin im Rahmen ihrer Verpflichtungen auf dem audiovisuellen Sektor die Erbringung audiovisueller Dienste auch über Telekomdienste zu regulieren, sondern nur, dass entsprechende Massnahmen – jedenfalls im vorliegenden Fall – nicht bei der Telekominfrastruktur, sondern beim Angebot der audiovisuellen Inhalte selbst ansetzen müssen.[453] Immerhin hat das Internet zusammen mit Breitbanddiensten auch das Potenzial, als günstiger Vertriebskanal für au-

---

452. Siehe oben S. 142.
453. So im Ergebnis auch GRABER (Audiovisionsrecht, 206), dessen Erachtens das Telekommunikationsrecht der WTO „für den Vertrieb von Videos oder Multimediaprogrammen über das Internet ... lediglich insoweit zur Anwendung kommen [dürfte], als Massnahmen zur Diskussion stehen, welche die Infrastruktur betreffen, die zur Verbreitung solcher Inhalte notwendig ist. Die Programme selbst müssten jedoch davon ausgenommen sein.“

diovisuelle Inhalte die Marktstellung amerikanischer Anbieter, die unter anderem auf aufwendigen vertikal integrierten Vertriebssystemen beruht, erfolgreich zu konkurrenzieren und somit die zugrundelegende Problematik überhaupt zu entschärfen.[454]

454. Vgl. GERMANN, Rz. 19 f.

10. Epilog

Die Schweiz hat sich durch ihre spezifischen Verpflichtungen im Telekombereich zur umfassenden Marktöffnung des Sektors verpflichtet. Abs. 5(a) des WTO-Annex on Telecommunications zum GATS verpflichtet sie, ausländischen Dienstleistungsanbietern in den dem Markt geöffneten Sektoren den Zugang zur öffentlichen Telekominfrastruktur soweit zu gewähren, dass diese ihre Dienstleistungen anbieten können. Dieses Zugangsrecht steht auch den Anbietern von Basistelekomdienstleistungen zu. Solche Dienstleistungen können aber nur erbracht werden, wenn die Anbieter die technische Kontrolle über die physische Infrastruktur innehaben, namentlich über die Teilnehmeranschlussleitungen. Das Zugangsrecht nach Abs. 5 AT umfasst damit *shared* und *full access* zum local loop, nicht aber *bitstream access*.

Das Interkonnektionsrecht von Abs. 2 des Reference Paper, das die Schweiz in ihre Verpflichtungen aufgenommen hat, umfasst dagegen keinen direkten Entbündelungsanspruch. Die Auslegung nach dem Wortlaut unter Zugrundelegung der Bedeutung, die den Begriffen nach dem dem RP zugrundeliegenden europäischen Recht zukommt, führt zum Schluss, dass *new entrants* bloss einen Anspruch auf Interkonnektion zu entbündelten Kosten haben, nicht auf entbündelten Zugang.

Die Verpflichtung der Schweiz in Abs. 1 des Reference Paper kompensiert dieses Manko allerdings wieder. Die Schweiz muss verhindern, dass Swisscom new entrants *full* oder *shared* access zum local loop verweigert, weil dies im Kontext des AT und von Abs. 2 RP wettbewerbswidriges Verhalten darstellt. Da Swisscoms local loops von *new entrants* nicht ökonomisch substituiert werden können, stellen sie *essential facilities* im Sinne des RP dar; die Monopolisierung dieser Einrichtungen erlaubt Swisscom unzulässigerweise auch die Beherrschung auch der nachgelagerten Märkte.

Keineswegs ausgeschlossen wird durch diese Verpflichtungen, dass die Schweiz ihr Politikziel der allgemeinen Grundversorgung im

Telekombereich weiterhin verfolgt. Dies kann weiterhin über die Ausschreibung einer Grundversorgungskonzession geschehen, die mit abgabenfinanzierten Investitionsbeihilfen verbunden ist. Diese stellen sicher, dass die Grundversogung in der Schweiz gewährleistet ist, obwohl die Entbündelung der letzten Meile die Bereitstellung von Anschlüssen in gewissen Landesgegenden unrentabel machen könnte.

* * *

Nachdem der Bundesrat ULL schon 2003 auf dem Verordnungsweg einzuführen versucht hat, werden nun die anderen höchsten Schweizer Behörden, das Bundesgericht und die Bundesversammlung, in den nächsten Monaten Gelegenheit haben, im Rahmen des Rekursverfahrens gegen den Entbündelungsentscheid der ComCom und im Rahmen der laufenden FMG-Revision ihrer verfassungsmässigen Pflicht zur Beachtung des Völkerrechts nachzukommen, und den entbündelten Zugang zur letzten Meile zu ermöglichen. Vieles spricht dafür, dass damit ein gesunder Preis- und Inhaltewettbewerb im Bereiche der Breitbanddienste ermöglicht wird, der es nicht zuletzt auch Minderbemittelten erlaubt, über jeden Telefonanschluss günstig eine Vielfalt von Telekommunikations- und Unterhaltungsdiensten zu beziehen. Die Darstellung des komplexen WTO-Regulatoriums hat aber auch gezeigt, dass die Schweiz trotz ihrer Verpflichtung zur Gewährung des *full* und *shared access* zur letzten Meile des Telefonnetzes sicherstellen kann, dass Anreize zum fortgesetzten Wettbewerb auch auf Infrastrukturebene erhalten bleiben, indem Swisscom ein angemessener *return on investment* auf ihrer Infrastruktur garantiert wird und indem der entbündelte Zugang auf wahre *essential facilities* wie den local loop, die unter Wettbewerbsbedingungen nicht substituierbar sind, beschränkt wird.

Anhang I: Technisches Glossar[455]

Analog Eigenschaft von Information, durch ein kontinuierlich variables (durch eine Welle darstellbares) Signal repräsentiert zu sein, typischerweise durch Modulation eines Mediums. Schallplatten, Tonbandkassetten, VOICEBAND-Telefonie oder terrestrischer Rundfunk sind Beispiele für analoge Informationsspeicherung bzw. -übermittlung.

Asymmetric Digital Subscriber Line (ADSL) DSL-Variante, welche „asymmetrisch" genannt wird, weil die Bandbreite in der Richtung Diensteanbieter > Kunde (Download) um ein Mehrfaches grösser ist als in der Gegenrichtung (Upload). Im DSL-Konsumentengeschäft ist ADSL die Regel, weil Privatkunden meist mehr Daten aus dem Internet beziehen, als sie ins Internet zurückspeisen.

ATM Asynchronous Transfer Mode. Ein verbindungsorientiertes paketvermitteltes Datenübertragungsverfahren, typischerweise als xDSL über Kupferleitungen.

Bandbreite Der von einem analogen Signal genutzte Frequenzbereich. Die Bandbreite ist der wichtigste begrenzende Faktor für die digitale Bitrate, die ein analoges Signal transportieren kann.

Breitband Allgemein ein Datenübermittlungsverfahren mit hoher BANDBREITE und somit hoher digitaler Bitrate. In Bezug auf Internetzugangsdienste ein Dienst mit einer höheren Bitrate, als sie über VOICE BAND möglich ist, dessen Kosten typischerweise nicht nach Nutzungszeit, sondern pauschal oder nach Datenmenge verrechnet werden.[456]

Digital Eigenschaft von Information, durch ein diskret variables (durch Zahlen darstellbares) Signal repräsentiert zu sein. CDs, DVDs, VoIP oder Mobiltelefonie (GSM / Natel D) sind Beispiele für digitale Informationsspeicherung bzw. -übermittlung. Da digitale

455. Vgl. allgemein ANTTALAINEN, CABALLERO et al., FOSTER et al., GAGNAIRE, SIEGMUND.

456. Vgl. Kommission 2004, 5.

Daten der computerisierten Bearbeitung zugänglich sind, und damit schneller und einfacher bearbeitet und übermittelt werden können als ANALOGE, werden seit Mitte des 20. Jahrhunderts ANALOGE Technologien sukzessive durch digitale abgelöst.

Digital Subscriber Line (DSL) Verfahren zur Breitband-Datenübertragung auf dem hohen Frequenzbereich einer Kupferleitung unter Zuhilfenahme des ATM-Verfahrens.

DSL Access Multiplexer (DSLAM) Ein Satz von DSL-MODEMS, von denen jedes an einen LOCAL LOOP angeschlossen ist, an dessen anderem Ende ein DSL-MODEM des Endkunden hängt. Die Modems des DSLAM sind über einen *traffic concentrator* mit dem überörtlichen Datennetz des Betreibers (dem *Backbone* bzw. *Backhaul*) verbunden. Die Installation von DSLAMs in der Ortszentrale des *incumbent* ist Voraussetzung zur Erbringung von DSL-Diensten.

Entbündelung (Unbundling) Die regulatorische Trennung von Wertschöpfungsstufen. Man unterscheidet v.a. *Kostenentbündelung*, d.h. den Grundsatz der entbündelten Berechnung der Zugangskosten, und den *entbündelten Zugang* zu Netzen, d.h. namentlich die Berechtigung, auf Netzelementen eigene Geräte und Übermittlungsverfahren einzusetzen (*siehe* ULL). Die Gewährung von INTERKONNEKTION und meist auch KOLLOKATION ist eine Voraussetzung für entbündelten Zugang.

IP Internet Protocol. Ein verbindungsloses paketvermitteltes Datenübertragungsverfahren. Zusammen mit dem Transportkontrollprotokoll TCP bildet dieses Verfahren die technische Grundlage des Internet und der damit verbundenen privaten Computernetzwerke. Da IP ein Netzwerkebenenprotokoll ist, setzt es auf ein verbindungsorientiertes Verfahren wie (im Falle von xDSL) ATM auf.

IP-Multicasting IP-Verbindungen sind Punkt-zu-Punkt-Verbindungen, d.h. einem Sender steht ein Empfänger gegenüber. Dies ist ungeeignet für die simultane Verbreitung homogener Inhalte, wie etwa Radio und TV, weil die Inhalte so für jeden Empfänger separat übermittelt werden müssen. Um Backhaul-Kapazitäten einzusparen, erlaubt IP-Multicasting die Verteilung eines Datenstroms auf mehrere Benutzer, typischerweise auf Stufe des DSLAM. Dazu muss der Anbieter die technische Kontrolle über die DSL-Verbindung selbst innehaben.

Letzte Meile (syn. Teilnehmeranschlussleitung) Die physische Leitung vom lokalen Verteiler des Telekomanbieters zum Endkunden. Sie ist in aller Regel Eigentum des *incumbent*, der sie als früherer Monopolist erstellt hat.

Local Loop Die LETZTE MEILE des POTS, bestehend aus einem zweiadrigen Kupferdraht.

Kollokation Das Recht des *new entrant*, zwecks INTERKONNEKTION und ggf. ENTBÜNDELTEN Zugangs eigene Geräte in permanenten Einrichtungen des *incumbent* zu installieren.

Mietleitung (syn. leased line) Die Bereitstellung einer permanent aktiven Verbindung mit einer bestimmten Bitrate zwischen zwei Punkten. Mietleitungen werden v. a. zur Verbindung entfernter LANs verwendet und sukzessive durch BREITBANDinternetverbindungen abgelöst.

Modem Modulator/Demodulator. Ein Gerät zur Umsetzung DIGITALER in ANALOGE Signale und vice versa, das für die Datenübertragung auf Kupferleitungen benötigt wird. Auf dem LOCAL LOOP können u.a. VOICEBAND-, ISDN- und xDSL-MODEMS eingesetzt werden.

POTS (syn. PSTN) Plain Old Telephone System; das öffentliche Telefonnetz. Es war ursprünglich dafür konzipiert, Punkt-zu-Punkt Verbindungen zur Übertragung analoger VOICEBAND-Signale herzustellen.

Uniform Resource Locator (URL) Zeichenkette, die eine Ressource (z.B. eine Website oder eine Datei) im Internet eindeutig identifiziert. Sie folgt der Form *[Protokoll]://[Subdomain].[Domain].[Top-Level-Domain]/[Pfad]/[Dokumentname]*,
z.B. http://iew.unibe.ch/index.html

Voice over IP (VoIP) Verfahren, bei dem ein Telefongespräch ganz oder teilweise in digitaler Form über eine IP-Verbindung statt, wie üblich, als Voiceband-Telefonverbindung geführt wird. Dank geringerem Bandbreitenbedarf und der Nutzung vorhandener Computerinfrastruktur kann VoIP günstiger als Voiceband-Telefonie angeboten werden.

Voice Band Der Frequenzbereich von 300 bis 3400 Hz. Dieses Frequenzband wird im POTS für die analoge Übermittliung von Tönen verwendet. Das POTS nutzt die höheren Frequenzen nicht, so dass diese für BREITBANDverfahren wie DSL verfügbar bleiben.

Voiceband-Modem (syn. Telefonmodem, Dial-Up-Modem) Ein MODEM, das im VOICE BAND nach den ITU-Standards V.21 bis V.92 arbeitet. Die maximale Bitrate ist 56 kbit/s.

xDSL Gesamtheit aller DSL-Varianten (ADSL, HDSL, VDSL etc.). Die Varianten unterscheiden sich hauptsächlich in der verfügbaren Bandbreite und der hierzu invers proportionalen maximal erzielbaren Reichweite ohne Einsatz von Signalverstärkern (vgl. oben Tabelle 1, S. 31).

Anhang II: Rechtsquellen und Materialien

Konsolidierter Schedule of Commitments der Schweiz (Auszug)[457]

Modes of supply: 1) Cross-border supply 2) Consumption abroad
3) Commercial presence 4) Presence of natural persons

Sector or Sub-sector	*Limitations on Market Access*	*Limitations on National Treatment*	*Additional Commitments*
II. Sectoral Commitments			
2.C. Telecommunications Services Telecommunication Services are the transport of electro-magnetic signals – sound, data, image and combinations thereof –, excluding broadcasting[a]			
All Telecommunications Sectors			
a) Voice telephone services (CPC 7521)	(1) None (2) None (3) None (4) Unbound except as indicated in Part I	(1) None (2) None (3) None (4) Unbound except as indicated in Part I	As annexed.
b) Packet switched data transmission (CPC 7523**)	(1) None (2) None (3) None (4) Unbound except as indicated in Part I	(1) None (2) None (3) None (4) Unbound except as indicated in Part I	

Modes of supply: 1) Cross-border supply 2) Consumption abroad
3) Commercial presence 4) Presence of natural persons

Sector or Sub-sector	*Limitations on Market Access*	*Limitations on National Treatment*	*Additional Commitments*
c) Circuit-switched data transmission (CPC 7523**)	(1) None (2) None (3) None (4) Unbound except as indicated in Part I	(1) None (2) None (3) None (4) Unbound except as indicated in Part I	
d) Telex services (CPC 7523**)	(1) None (2) None (3) None (4) Unbound except as indicated in Part I	(1) None (2) None (3) None (4) Unbound except as indicated in Part I	
e) Telegraph services (CPC 7522)	(1) None (2) None (3) None (4) Unbound except as indicated in Part I	(1) None (2) None (3) None (4) Unbound except as indicated in Part I	
f) Facsimile services (CPC 7521** + 7529**)	(1) None (2) None (3) None (4) Unbound except as indicated in Part I	(1) None (2) None (3) None (4) Unbound except as indicated in Part I	
g) Private leased circuit services (CPC 7522** + 7523**)	(1) None (2) None (3) None (4) Unbound except as indicated in Part I	(1) None (2) None (3) None (4) Unbound except as indicated in Part I	

457. Zusammenzug der telekommunikationsspezifischen Verpflichtungen aus WTO Dok. GATS/SC/83/*. Die horizontalen Verpflichtungen (Teil I des Schedule) und die MFN-Ausnahmen nach Art. II GATS sind nicht einschlägig. Der Eintrag „as annexed“ verweist auf das Reference Paper (unten S. 171).

Modes of supply:	1) Cross-border supply	2) Consumption abroad
	3) Commercial presence	4) Presence of natural persons

Sector or Sub-sector	*Limitations on Market Access*	*Limitations on National Treatment*	*Additional Commitments*
Enhanced/Value-added Telecommunication Services			
General condition applicable to all telecommunication sectors: federal monopoly on network infrastructure, services have to be provided over the public network or over leased lines; wireless networks subject to licensing; pricing of leased lines not volume-sensitive, connection with the public network possible.			
Electronic mail (part of CPC 7523)	1) None 2) None 3) None 4) Unbound except as indicated in Part I	1) None 2) None 3) None 4) Unbound except as indicated in Part I	
Voice mail (part of CPC 7523)	1) None 2) None 3) None 4) Unbound except as indicated in Part I	1) None 2) None 3) None 4) Unbound except as indicated in Part I	
On-line information and data base retrieval (part of CPC 7523)	1) None 2) None 3) None 4) Unbound except as indicated in Part I	1) None 2) None 3) None 4) Unbound except as indicated in Part I	
Electronic data interchange (EDI) (part of CPC 7523)	1) None 2) None 3) None 4) Unbound except as indicated in Part I	1) None 2) None 3) None 4) Unbound except as indicated in Part I	

Modes of supply: 1) Cross-border supply 2) Consumption abroad 3) Commercial presence 4) Presence of natural persons

Sector or Sub-sector	*Limitations on Market Access*	*Limitations on National Treatment*	*Additional Commitments*
Enhanced/value-added facsimile service (part of CPC 7523)	1) None 2) None 3) None 4) Unbound except as indicated in Part I	1) None 2) None 3) None 4) Unbound except as indicated in Part I	
Code and protocol conversion	1) None 2) None 3) None 4) Unbound except as indicated in Part I	1) None 2) None 3) None 4) Unbound except as indicated in Part I	
On-line information and/or data processing (part of CPC 843)	1) None 2) None 3) None 4) Unbound except as indicated in Part I	1) None 2) None 3) None 4) Unbound except as indicated in Part I	
Videotext	1) None 2) None 3) None 4) Unbound except as indicated in Part I	1) None 2) None 3) None 4) Unbound except as indicated in Part I	
Enhanced/value added services based on licensed wireless networks including enhanced/value added paging services, except for voice transmission	1) None 2) None 3) None 4) Unbound except as indicated in Part I	1) None 2) None 3) None 4) Unbound except as indicated in Part I	

a. Broadcasting is defined as the uninterrupted chain of transmission required for the distribution of TV and radio programme signals to the general public, but does not cover contribution links between operators.

Services Sectoral Classification List (Auszug)[458]

Sectors and sub-sectors			*Corresponding CPC*
2.	COMMUNICATION SERVICES		
A.	Postal services		7511
B.	Courier services		7512
C.	Telecommunication services		
	a.	Voice telephone services	7521
	b.	Packet-switched data transmission services	7523**
	c.	Circuit-switched data transmission services	7523**
	d.	Telex services	7523**
	e.	Telegraph services	7522
	f.	Facsimile services	7521**+7529**
	g.	Private leased circuit services	7522**+7523**
	h.	Electronic mail	7523**
	i.	Voice mail	7523**
	j.	On-line information and data base retrieval	7523**
	k.	electronic data interchange (EDI)	7523**
	l.	enhanced/value-added facsimile services, incl. store and forward, store and retrieve	7523**
	m.	code and protocol conversion	n.a.
	n.	on-line information and/or data processing (incl.transaction processing)	843**
	o.	other	

458. WTO Dok. MTN.GNS/W/120 vom 10. Juli 1991 (Attachment 8 zu WTO Dok. S/L/92, 34 ff.).

* The (*) indicates that the service specified is a component of a more aggregated CPC item specified elsewhere in this classification list.

** The (**) indicates that the service specified constitutes only a part of the total range of activities covered by the CPC concordance (e.g. voice mail is only a component of CPC item 7523).

UN Provisional Central Product Classification (Auszüge)[459]

Remarks: ... GNS/120 - Services sectoral classification list: note by the Secretariat, The Uruguay Round of Multilateral Trade Negotiations, Group of Negotiations on Services, MTN.GNS/W/120: The Provisional CPC was used as a source by the secretariat of the General Agreement on Tariffs and Trade in the preparation of the General Agreement on Trade in Services (GATS). Under the GATS agreements, texts which had legal standing and which embodied extensive references to CPC were drafted. These were referred to by GATS as the „GNS/120 list".

Section: 7 – Transport, storage and communications services
Division: 75 – Post and telecommunications services
Group: 752 – Telecommunications services
Class: 7523 – Data and message transmission services

Subclass: 75231 – Data network services

Explanatory note
Network services necessary to transmit data between equipment using the same or different protocols. This service can be provided via a public or dedicated data network (i.e. via a network dedicated to the customer's use).

459. ST/ESA/STAT/SER.M/77, E.91.XVII.7, http://unstats.un.org/unsd/cr/registry/

Subclass: 75232 – Electronic message and information services

Explanatory note
Network and related services (hardware and software) necessary to send and receive electronic messages (telegraph and telex/TWX services) and/or to access and manipulate information in databases (so-called value-added network services).

Note by the Chairman[460]

It has been suggested by a number of delegations that it might be helpful to produce a brief and simple note on assumptions applicable to the scheduling of commitments in basic telecoms. The purpose of the attached note is to assist delegations in ensuring the transparency of their commitments and to promote a better understanding of the meaning of commitments. This note is not intended to have or acquire any binding legal status.

Notes For Scheduling Basic Telecom Services Commitments

1. Unless otherwise noted in the sector column, any basic telecom service listed in the sector column:
   (a) encompasses local, long distance and international services for public and non-public use;
   (b) may be provided on a facilities-basis or by resale; and
   (c) may be provided through any means of technology (e.g., cable[1], wireless, satellites).
2. Subsector (g) – private leased circuit services – involves the ability of service suppliers to sell or lease any type of network capacity for the supply of services listed in any other basic telecom service sub-

460. WTO Dok. S/GBT/W/2/Rev.1, 16 January 1997.

sector unless otherwise noted in the sector column. This would include capacity via cable, satellite and wireless network.

3. In view of points 1 and 2 above, it should not be necessary to list cellular or mobile services as a separate subsector. However, a number of Members have done so, and a number of offers have commitments only in these subsectors. Therefore, in order to avoid extensive changes in schedules, it would seem appropriate for Members to maintain separate entries for these subsectors.

[1] Including all types of cable.

GATS Annex on Telecommunications

1. Objectives

Recognizing the specificities of the telecommunications services sector and, in particular, its dual role as a distinct sector of economic activity and as the underlying transport means for other economic activities, the Members have agreed to the following Annex with the objective of elaborating upon the provisions of the Agreement with respect to measures affecting access to and use of public telecommunications transport networks and services. Accordingly, this Annex provides notes and supplementary provisions to the Agreement.

2. Scope

(a) This Annex shall apply to all measures of a Member that affect access to and use of public telecommunications transport networks and services.[14]

[14] This paragraph is understood to mean that each Member shall ensure that the obligations of this Annex are applied with respect to suppliers of public telecommunications transport networks and services by whatever measures are necessary.

(b) This Annex shall not apply to measures affecting the cable or broadcast distribution of radio or television programming.
(c) Nothing in this Annex shall be construed:
   (i) to require a Member to authorize a service supplier of any other Member to establish, construct, acquire, lease, operate, or supply telecommunications transport networks or services, other than as provided for in its Schedule; or
   (ii) to require a Member (or to require a Member to oblige service suppliers under its jurisdiction) to establish, construct, acquire, lease, operate or supply telecommunications transport networks or services not offered to the public generally.

3. Definitions

For the purposes of this Annex:
(a) „Telecommunications“ means the transmission and reception of signals by any electromagnetic means.
(b) „Public telecommunications transport service“ means any telecommunications transport service required, explicitly or in effect, by a Member to be offered to the public generally. Such services may include, inter alia, telegraph, telephone, telex, and data transmission typically involving the real-time transmission of customer-supplied information between two or more points without any end-to-end change in the form or content of the customer's information.
(c) „Public telecommunications transport network“ means the public telecommunications infrastructure which permits telecommunications between and among defined network termination points.
(d) „Intra-corporate communications“ means telecommunications through which a company communicates within the company or with or among its subsidiaries, branches and, subject to a Member's domestic laws and regulations, affiliates. For these purposes, „subsidiaries“, „branches“ and, where applicable, „affiliates“ shall be as defined by each Member. „Intra-corporate communications“ in this Annex excludes commercial or non-commercial services that are supplied to companies that are not related subsidiaries,

branches or affiliates, or that are offered to customers or potential customers.

(e) Any reference to a paragraph or subparagraph of this Annex includes all subdivisions thereof.

4. Transparency

In the application of Article III of the Agreement, each Member shall ensure that relevant information on conditions affecting access to and use of public telecommunications transport networks and services is publicly available, including: tariffs and other terms and conditions of service; specifications of technical interfaces with such networks and services; information on bodies responsible for the preparation and adoption of standards affecting such access and use; conditions applying to attachment of terminal or other equipment; and notifications, registration or licensing requirements, if any.

5. Access to and use of Public Telecommunications Transport Networks and Services

(a) Each Member shall ensure that any service supplier of any other Member is accorded access to and use of public telecommunications transport networks and services on reasonable and non-discriminatory terms and conditions, for the supply of a service included in its Schedule. This obligation shall be applied, inter alia, through paragraphs (b) through (f).[15]

[15] The term „non-discriminatory" is understood to refer to most-favoured-nation and national treatment as defined in the Agreement, as well as to reflect sector-specific usage of the term to mean „terms and conditions no less favourable than those accorded to any other user of like public telecommunications transport networks or services under like circumstances".

(b) Each Member shall ensure that service suppliers of any other Member have access to and use of any public telecommunications transport network or service offered within or across the border of that Member, including private leased circuits, and to this end shall ensure, subject to paragraphs (e) and (f), that such suppliers are permitted:

(i) to purchase or lease and attach terminal or other equipment which interfaces with the network and which is necessary to supply a supplier's services;

(ii) to interconnect private leased or owned circuits with public telecommunications transport networks and services or with circuits leased or owned by another service supplier; and

(iii) to use operating protocols of the service supplier's choice in the supply of any service, other than as necessary to ensure the availability of telecommunications transport networks and services to the public generally.

(c) Each Member shall ensure that service suppliers of any other Member may use public telecommunications transport networks and services for the movement of information within and across borders, including for intra-corporate communications of such service suppliers, and for access to information contained in data bases or otherwise stored in machine-readable form in the territory of any Member. Any new or amended measures of a Member significantly affecting such use shall be notified and shall be subject to consultation, in accordance with relevant provisions of the Agreement.

(d) Notwithstanding the preceding paragraph, a Member may take such measures as are necessary to ensure the security and confidentiality of messages, subject to the requirement that such measures are not applied in a manner which would constitute a means of arbitrary or unjustifiable discrimination or a disguised restriction on trade in services.

(e) Each Member shall ensure that no condition is imposed on access to and use of public telecommunications transport networks and services other than as necessary:

(i) to safeguard the public service responsibilities of suppliers of public telecommunications transport networks and services, in particular their ability to make their networks or services available to the public generally;

(ii) to protect the technical integrity of public telecommunications transport networks or services; or
(iii) to ensure that service suppliers of any other Member do not supply services unless permitted pursuant to commitments in the Member's Schedule.

(f) Provided that they satisfy the criteria set out in paragraph (e), conditions for access to and use of public telecommunications transport networks and services may include:
(i) restrictions on resale or shared use of such services;
(ii) a requirement to use specified technical interfaces, including interface protocols, for inter-connection with such networks and services;
(iii) requirements, where necessary, for the inter-operability of such services and to encourage the achievement of the goals set out in paragraph 7(a);
(iv) type approval of terminal or other equipment which interfaces with the network and technical requirements relating to the attachment of such equipment to such networks;
(v) restrictions on inter-connection of private leased or owned circuits with such networks or services or with circuits leased or owned by another service supplier; or
(vi) notification, registration and licensing.

(g) Notwithstanding the preceding paragraphs of this section, a developing country Member may, consistent with its level of development, place reasonable conditions on access to and use of public telecommunications transport networks and services necessary to strengthen its domestic telecommunications infrastructure and service capacity and to increase its participation in international trade in telecommunications services. Such conditions shall be specified in the Member's Schedule.

Reference Paper on Telecommunications

Scope

The following are principles and definitions on the regulatory framework for the basic telecommunications services.

Definitions

Users mean service consumers and service suppliers.

Essential facilities mean facilities of a public telecommunications network or service that:

(a) Are exclusively or predominantly provided by a single or limited number of suppliers; and
(b) cannot feasibly be economically or technically substituted in order to provide a service.

A *major supplier* is a supplier which has the ability to materially affect the terms of participation (having regard to price and supply) in the relevant market for basic telecommunications services as a result of:

(a) Control over essential facilities; or
(b) use of its position in the market.

1. Competitive safeguards

1.1 Prevention of anti-competitive practices in telecommunications

Appropriate measures shall be maintained for the purpose of preventing suppliers who, alone or together, are a major supplier from engaging in or continuing anti-competitive practices.

1.2 Safeguards

The anti-competitive practices referred to in the above paragraph shall include in particular:

(a) Engaging in anti-competitive cross-subsidization;

(b) using information obtained from competitors with anti-competitive results; and
(c) not making available to other services suppliers on a timely basis technical information about essential facilities and commercially relevant information which are necessary for them to provide services.

2. Interconnection

2.1 This section applies, on the basis of the specific commitments undertaken, to linking with suppliers providing public telecommunications transport networks or services in order to allow the users of one supplier to communicate with users of another supplier and to access services provided by another supplier.

2.2 Interconnection to be ensured

Interconnection with a major supplier will be ensured at any technically feasible point in the network. Such interconnection is provided:
(a) Under non-discriminatory terms, conditions (including technical standards and specifications) and rates and of a quality no less favourable than that provided for its own like services or for like services of non-affiliated service suppliers or for its subsidiaries or other affiliates;
(b) in a timely fashion, on terms, conditions (including technical standards and specifications) and cost-oriented rates that are transparent, reasonable, having regard to economic feasibility, and sufficiently unbundled so that the supplier need not pay for network components or facilities that it does not require for the service to be provided; and
(c) upon request, at points in addition to the network termination points offered to the majority of users, subject to charges that reflect the cost of construction of necessary additional facilities.

2.3 Public availability of the procedures for interconnection negotiations

The procedures applicable for interconnection to a major supplier will be made publicly available.

2.4 Transparency of interconnection arrangements

It is ensured that a major supplier will make publicly available either its interconnection agreements or a reference interconnection offer.

2.5 Interconnection: dispute settlement

A service supplier requesting interconnection with a major supplier will have recourse, either:

(a) At any time; or
(b) after a reasonable period of time which has been made publicly known to an independent domestic body, which may be a regulatory body as referred to in paragraph 5, to resolve disputes regarding appropriate terms, conditions and rates for interconnection within a reasonable period of time, to the extent that these have not been established previously.

3. Universal service

Any Member has the right to define the kind of universal service obligation it wishes to maintain. Such obligations will not be regarded as anti-competitive per se, provided they are administered in a transparent, non-discriminatory and competitively neutral manner and are not more burdensome than necessary for the kind of universal service defined by the Member.

4. Public availability of licensing criteria

Where a licence is required, the following will be made publicly available:

(a) All the licensing criteria and the period of time normally required to reach a decision concerning an application for a licence; and

(b) the terms and conditions of individual licences.

The reasons for the denial of a licence will be made known to the applicant upon request.

5. Independent regulators

The regulatory body is separate from, and not accountable to, any supplier of basic telecommunications services. The decisions of and the procedures used by regulators shall be impartial with respect to all market participants.

6. Allocation and use of scarce resources

Any procedures for the allocation and use of scarce resources, including frequencies, numbers and rights of way, will be carried out in an objective, timely, transparent and non-discriminatory manner. The current state of allocated frequency bands will be made publicly available, but detailed identification of frequencies allocated for specific government uses is not required.

Studies in Global Economic Law
Studien zum globalen Wirtschaftsrecht
Études en droit économique mondial

Present and future economic, technological and societal changes and evolutions fundamentally affect traditional legal structures of the territorial state system. They increasingly call for global approaches and solutions, transgressing the tools of classical public international law. This trilingual series publishes monographs, studies and collected papers dedicated to these challenges. The contributions examine existing instruments, in particular within the framework of the international trading system. They explore new approaches and search for innovative solutions within the global process of legal integration. Research efforts are dedicated to different walks of life and areas of regulation, and to the quest for adequate constitutional structures of transnational and democratic processes.

Wirtschaftliche, technologische und gesellschaftliche Entwicklungen der Gegenwart und Zukunft bewirken tiefgreifende Änderungen traditioneller Strukturen des Rechts des Territorialstaats und rufen zunehmend nach globalen Vorgehensweisen und Lösungen, die oftmals über das Instrumentarium des klassischen Völkerrechts hinaus weisen. Die dreisprachige Reihe publiziert Monographien, Studien und Tagungsbände, die sich vertieft mit diesen Herausforderungen auseinandersetzen. Die Beiträge untersuchen das bestehende Instrumentarium namentlich im Rahmen des Welthandelssystems und forschen nach neuen Ansätzen und Lösungen im Rahmen des globalen Integrationsprozesses. Dazu gehören Studien zu den Regelungen einzelner Sach- und Lebensbereiche wie auch zu Fragen adäquater transnationaler demokratischer Verfassungs- und Entscheidungsstrukturen.

Les évolutions actuelles et futures sur le plan technique, économique et social ne cesseront d'influencer profondément les structures traditionnelles du droit de l'état territorial. Par conséquent, des approches et des solutions dépassant les instruments du droit international public classique deviennent de plus en plus nécessaires. Cette collection trilingue publie des monographies, études et actes de colloques qui analysent et font face à ces défis. Les contributions examinent les instruments existants, notamment dans la domaine du système commercial mondiale. Elles cherchent à développer des approches nouvelles et des solutions innovatrices dans le contexte du processus d'intégration globale en incluant des études de droit touchant aux différents secteurs et domaines de vie. De plus, les travaux de recherche seront également destinés à trouver les procédures constitutionnelles et décisionnelles les plus adéquates et démocratiques au niveau transnational.

Studies in Global Economic Law
Studien zum globalen Wirtschaftsrecht
Études en droit économique mondial

edited by THOMAS COTTIER

Vol. 1 MARTIN A. GIRSBERGER – Biodiversity and the Concept of Farmers' Rights in International Law, 1999

Vol. 2 DAVID WYSS – Bankdienstleistungen im Allgemeinen Dienstleistungsabkommen der WTO. Auswirkungen auf das schwiezerische Bankenrecht, 1999

Vol. 3 BENOÎT MERKT – Harmonisation internationale et entraide administrative internationale en droit de la concurrence. Droit du GATT/OMC, droit européen, accords bilatéraux et perspectives pour le droit suisse, 2000

Vol. 4 INGO MEITINGER – Der Schutz von Geschäftsgeheimnissen im globalen und regionalen Wirtschaftsrecht. Stand und mögliche Entwicklungen der internationalen und regionalen Rechtsharmonisierung, 2001

Vol. 5 JOËLLE DE SÉPIBUS – Die Umweltschutzsubvention im Gemeinschaftsrecht. Eine umweltrechtliche Kritik der europäischen Beihilfekontrolle, 2003

Vol. 6 BOBJOSEPH MATHEW – The WTO Agreements on Telecommunications, 2003

Vol. 7 LUKAS ENGELBERGER – Die Unmittelbare Anwendbarkeit des WTO-Rechts in der Schweiz. Grundlagen und Perspektiven im Kontext internationaler Rechtsentwicklung, 2004

Vol. 8 THOMAS M. FISCHER – Die Entbündelung der letzten Meile in der Schweiz im Lichte des GATS, 2004